Histoires de Coming Out

Carèle Bélanger
www.CareleBelanger.com

Présenté par: Carèle Bélanger
Révision linguistique: Jean-Marc Alazet
Crédit image de couverture: Ponsulak
Crédit photo verso du livre: Lyne Duguay, *OrchideePhoto.com*

Date de publication : Août 2015

ISBN : 978-2-9815308-0-6

Dépôt légal : 3e trimestre 2015
Bibliothèque nationale du Québec
Bibliothèque nationale du Canada

Histoires de Coming Out

31 histoires inspirantes

Présenté par
Carèle Bélanger

Table des matières

Introduction

par Carèle Bélanger

Femme d'affaires dynamique et charismatique, je suis également conférencière, autodidacte, formatrice ainsi qu'une des co-auteurs du Best-seller « Thinking Upside Down, Living Right Side Up ». Maître en programmation neurolinguistique de formation, formée en Biologie des Êtres vivants par le grand Dr Claude Sabbah, j'ai également suivi beaucoup de cours de croissance personnelle aux États-Unis. Ces formations m'ont permis d'acquérir une force d'entrer en relation avec les gens et ainsi comprendre le fonctionnement de l'être humain.

Mère de trois grands enfants d'un premier mariage avec un homme, à l'âge de 38 ans, j'ai rencontré une âme extraordinaire, une femme, qui allait être mon amoureuse pour le reste de ma vie. Mon coming out a été des plus positifs et pour moi, ce fut tout à fait normal de continuer à vivre ma vie comme je le souhaitais.

Comme beaucoup de gens, j'ai passé une partie de ma vie à vivre selon les « normes » de la société: métro-boulot-dodo. Durant ce temps, j'avais un grand manque de confiance en moi et la peur du jugement. J'ai donc tranquillement sombré dans une vie où j'existais plutôt que de vivre pleinement.

De l'âge de 34 à 38 ans, j'ai fait beaucoup de croissance personnelle. Cela a permis de rétablir ma confiance en moi et de finalement oser être qui je suis vraiment, cet être humain qui aime l'être humain.

La personne la plus importante dans ma vie maintenant est moi-même. J'ai su me rebâtir intérieurement pour vivre aujourd'hui une vie complètement épanouie. Je souhaite donc que les Êtres de cette planète puissent oser être, vivre dans leur authenticité sans ne plus jamais s'inquiéter de ce que les autres penseront et diront.

Le plus beau cadeau que vous puissiez vous faire est de vous aimer totalement ainsi que de respecter qui vous êtes. Peu importe votre orientation sexuelle ou de genre, vous êtes tous des êtres formidables et uniques. Vous méritez de vivre pleinement et de vous permettre d'Être qui vous êtes.

Dans ce livre, vous découvrirez de magnifiques histoires vraies de coming out qui ont toutes eu un dénouement positif qui sauront vous inspirer.

Osez être vous-mêmes!

J'aime l'être humain

par Carèle Bélanger

Dès mon adolescence, j'étais attirée par les gars. Après avoir eu quelques « chums », je me suis mariée en 1992 avec un homme que j'aimais beaucoup. De ce mariage, nous avons eu trois enfants. Tout au long de ma vie, même à l'adolescence, je disais que j'aimais l'être humain sans trop comprendre l'impact de ce que je disais.

En 2008, après 16 ans de mariage, plus rien n'allait. Notre vision de la vie et nos rêves allaient tous deux dans deux chemins complètement opposés. Mon mari était un homme, un père et un ami formidable également. Mais il n'avait pas le côté affectif que je souhaitais. Comme notre relation n'allait nulle part, nous avons donc divorcé en 2008.

Après le divorce, en plein milieu d'un événement auquel j'assistais aux États-Unis, j'ai vu une femme et mon cœur a fait trois tours! WOW! C'était magique, en même temps je me suis dit: « Carèle, tu es également attirée par les femmes » . Ouf, quelle réalisation! Suite à cette découverte, je me suis donc ouverte à la possibilité de tomber amoureuse d'une femme également. En 2009, j'ai rencontré une Américaine avec laquelle j'étais en amour.

À ce moment-là, j'ai donc décidé de l'annoncer à mon entourage. J'ai décidé de l'annoncer à mes trois enfants en premier. Je restais à l'époque dans un appartement. Mes enfants avaient 11, 14 et 16 ans. Ils étaient chez moi pour souper. J'étais nerveuse de leur annoncer, car ils sont tout pour moi. Pendant qu'ils regardaient la télévision, je leur dis: « Les enfants, j'ai rencontré quelqu'un et je l'aime. Ce n'est pas un homme, c'est une femme. » Et là, ils m'ont regardée en disant: « Ah OK. » Puis ils ont continué de regarder la télévision. Quel soulagement pour moi!

Puis je l'ai annoncé à mon ex-mari. En fait, je voulais m'assurer qu'il le prenne bien et ne se sente pas dévalorisé. Il a très bien réagi et se sentait même soulagé. Il me disait qu'il l'aurait mal pris si tout de suite j'avais rencontré un autre homme.

Par la suite, j'en ai fait l'annonce à mes amies. Je me sentais très bien de le faire, car leurs réactions ne me dérangeaient pas du tout. Je me disais que si elles le prenaient mal, elles avaient juste à ne plus me parler. Leurs réactions furent toutes excellentes même que la plupart me répondaient: « Bien, on le savait, c'est juste toi qui ne le savais pas. »

À cette époque, ça faisait 5 ans que je n'avais pas vu mon frère donc lui, je lui ai envoyé tout simplement un courriel et il a très bien pris la nouvelle. Mon père lui, était décédé depuis 1996 et n'avait connu que mon mari.

Il ne restait donc que ma mère. C'est elle que je redoutais le plus et pour laquelle j'étais le plus nerveuse. J'avais prévenu ma cousine avant, qui était très proche de ma mère. Je savais que tout de suite après l'avoir annoncé à ma mère, celle-ci était pour lui téléphoner. Je n'arrivais pas à aller voir ma mère pour lui annoncer en personne alors j'ai donc choisi le téléphone. Je me souviens très bien que je lui parlais au téléphone en faisant les cent pas dans mon appartement. Alors je lui dis: « Maman, j'ai rencontré quelqu'un, mais je pense que tu vas être sous le choc. » Avec difficulté, j'ai fini par lui dire que j'étais en amour avec une femme. Elle a fait « ouf » et ensuite silence à l'autre bout du fil. Ma mère avait 72 ans à l'époque et avait de la difficulté à comprendre comment cela pouvait arriver. Qu'est-ce qu'elle avait bien pu faire de mal pour que cela arrive, se demandait-elle! Je lui ai expliqué que c'était ainsi et que j'étais très bien, que l'important était que je sois heureuse comme jamais je ne l'avais été auparavant. Elle a toujours continué à me parler, car elle savait que si elle restait fâchée, de mon côté, rien n'aurait changé et j'aurais tout simplement cessé de la voir. Elle ne voulait pas ça et tout ce qu'elle me demandait était qu'en sa présence, elle ne me voit pas embrasser mon amoureuse. J'ai donc respecté sa demande.

Pour ce qui est de mon travail, comme je suis travailleuse autonome et très présente sur les réseaux sociaux, je n'ai jamais caché ce nouveau côté de moi.

Je suis sortie six mois avec une Américaine pour ensuite rencontrer une femme que j'étais pour aimer le reste de ma vie. Ça fait maintenant 6 ans que nous sommes ensemble et l'année dernière, nous avons décidé de nous marier.

Quatre ans avant de divorcer, j'avais fait beaucoup de travail sur moi-même dans le domaine de la croissance personnelle et j'en étais rendue à un point où je m'aimais entièrement. Ma confiance en moi était totale. Alors, lorsqu'arriva mon divorce et que par la suite je suis tombée en amour avec des femmes, j'avais acquis cette assurance que peu importe la réaction des gens je ne me cacherais pas. Ce qui primait est que je voulais vivre en étant 100% moi-même et être heureuse. C'est donc le chemin que j'ai choisi.

Ce qui est le plus cocasse dans tout cela est que jamais je ne disais que j'étais lesbienne. Pour moi j'étais un être humain qui aimait les êtres humains. Les gens m'ont étiquetée comme lesbienne, car je vivais avec une femme et j'ai fini par y croire. En fait, je suis quelqu'un qui déteste les étiquettes. Je suis moi et j'aime l'être humain un point c'est tout. Récemment on m'a fait comprendre que l'étiquette que je devais porter était plutôt celle de bisexuelle. OK, alors je suis bisexuelle. Même si je déteste les étiquettes, pour le bien de tous, je suis bisexuelle.

Je sais très bien aujourd'hui que je suis mariée à une femme que j'adore, et ce, pour le reste de ma vie. En même temps, je sais très bien que si elle n'était plus là demain matin, je pourrais tout aussi bien être attirée par un homme comme par une femme, car l'important pour moi ce sont les qualités de l'autre, son être, son âme.

Soyez toujours vous-même et surtout osez Être!

Un être humain qui vit SA vie

par Monica Bastien

Née à l'automne 1958, sous le prénom de Serge, dernier d'une famille de six enfants et dans un modèle éducatif traditionnel et chrétien. Enfant, j'aimais être habillée en petite fille par mes sœurs plus âgées que moi de 9 et 10 ans. Ma mère a interdit cette façon de faire, car cela n'était pas inscrit dans ses valeurs de l'époque. J'ai pleuré enfant de ne pas être qui j'étais vraiment. Même à l'âge de huit ans, j'ai dit à ma cousine, « Tu es belle toi. » Elle me répond : « Pourquoi? » Je réponds : « Tu es chanceuse, tu es une fille toi. »

Mon enfance fut teintée d'un univers imaginaire dans lequel j'étais une fille. Dans ma vie de garçon, j'ai fait de la musique, du sport, bon en études, mais je m'isolais. Je ne comprenais pas cette dualité intérieure. La lingerie féminine fut mon exutoire dans l'intimité de ma chambre et quelquefois, je m'aventurais la nuit à l'extérieur de la maison en portant de la lingerie féminine.

J'ai quand même suivi un modèle de vie de l'époque donc, je me suis marié et deux beaux enfants sont nés de cette union. Après dix ans de mariage et le dévoilement de mon attirance pour la lingerie féminine durant cette union à ma femme, amena un divorce en 1990. Quand nous avons dévoilé nos propres souffrances, à mon avis, ce fut le début de la fin de notre mariage. Après, une nouvelle femme dans ma vie pendant 5 ans qui disait m'aimer et m'accepter dans ma différence. Elle m'a dit qu'elle pensait que l'amour me changerait. Une nouvelle femme en 1995 entra dans ma vie et je vis toujours avec elle maintenant. Deux ans en couple puis entente sur notre avenir dans le respect de chacune. Nous avons bâti notre sécurité financière et un respect l'une de l'autre. Elle a accepté vraiment ma différence et m'a aidée à m'accepter moi-même dans ce que je suis.

J'ai trouvé mon nouveau prénom, soit Monica, et je sortais tous les weekends habillée en femme. Je me voyais comme un travesti et j'ai essayé de valider aussi mon orientation sexuelle. J'ai toujours aimé les femmes et j'aimerai toujours les femmes, car mon corps l'a confirmé.

L'acceptation complète de ma transidentité, à l'été 2005, est survenue dans un bar à l'âge de 46 ans avec le support d'une bonne amie à moi qui m'a expliqué : « Accepte ce que tu es, tu n'as plus aucun poil sur le corps, tu prends des hormones sur le marché noir, tu attends quoi? » J'ai fondu en larmes et pour la première fois, j'ai senti toute la féminité à l'intérieur de moi et une réflexion émergea, « Enfin être ce que je suis » .

À partir de ce moment, j'ai entrepris ma transition en commençant par un médecin de famille pour l'hormonothérapie puis un suivi psychologique en janvier 2006. Mon métier était éducateur spécialisé en psychiatrie. Il me fallait démontrer le sérieux de ma démarche, j'ai obtenu du support de différents professionnels de la santé. Au printemps 2006, j'ai demandé une rencontre avec mon supérieur immédiat. Je lui ai présenté une lettre, accompagnée des cartes de différentes professionnelles impliquées dans mon suivi, pour lui expliquer qu'à l'été prochain, j'allais venir travailler sous le nom de Monica Bastien. Il était plutôt déstabilisé et il allait s'informer sur la suite des choses. Un beau travail d'équipe commença par l'embauche d'un psychologue externe et neutre. Il a pu ainsi aider au bon déroulement de la transition en milieu de travail en aidant autant les employés que les participants dont j'avais le suivi. J'ai eu la chance d'avoir une bonne copine de travail avec qui j'ai pu exprimer ce que je vivais au fur et à mesure de ma transition. J'allais à l'électrolyse durant ma pause déjeuner et j'expliquais aux autres personnes qui m'entouraient que mes rougeurs venaient d'un traitement au visage. Les gens acceptaient mon argumentaire. Il y eut plusieurs rencontres autant avec l'équipe de travail qu'avec les participants que j'aidais dans leur propre cheminement. Le plus bel accueil de ma transition fut fait de la part des personnes que j'aidais. Pas de jugement et au contraire, ils démontraient une curiosité rafraîchissante.

À l'été 2006, après une chirurgie des paupières réussie et de la pomme d'Adam (cartilage thyroïde), qui s'est avérée inutile, car rien n'a été retiré, je suis revenue à mon travail avec le cœur joyeux et aussi soucieuse du regard des autres. J'ai gardé une tenue professionnelle et soignée, une humeur agréable, la même attitude que j'avais avant ma transition. Ce qui m'a valu des compliments de mon entourage de travail. Le suivi psychologique m'a aidée pour bien confirmer et raffiner la compréhension de qui je suis réellement. J'ai adoré le processus de transformation de mon corps. Le déplacement des tissus adipeux, l'adoucissement de ma peau, les glandes mammaires qui se développaient et surtout un calme intérieur qui s'agrandissait, en la certitude d'avoir fait enfin le bon choix.

Le 3 novembre 2008, je me fais opérer en Thaïlande pour l'opération finale. Nerveuse avant le départ, je pleure avant de prendre l'avion et ma compagne de vie me rassure. Ma pression artérielle est sûrement très élevée. Je transpire beaucoup, j'essaie de me calmer et une petite voix intérieure me dit « Tout va bien aller, fait confiance à la vie » . Une opération à l'autre bout du monde, mon baptême de l'air et l'arrêt des hormones sont des facteurs combinés ensemble plutôt déstabilisants. Tout se passe à merveille autant pour l'opération, l'accueil, l'avion avec un ami comme agent de bord qui m'accueille dans l'avion avec un service digne d'une princesse. Je reviens au Québec et me repose durant trois mois de mon travail avec par la suite un retour progressif.

J'ai découvert une nouvelle vie en équilibre avec mon intérieur et extérieur de ce que je suis. Enfin moi, ne me souciant plus du pourquoi, je me suis découverte enfin. Une nouvelle sexualité, une estime de soi à la bonne place, confiance en soi accrue sont entrées dans ma vie.

J'ai recommencé mon travail d'éducatrice spécialisée et ma transition au travail fut un succès. Autant de par mon attitude que celle des autres partenaires de travail m'entourant. À l'automne 2011, je regarde une vidéo de Marie-Marcelle Godbout et je l'ai trouvée inspirante. Je me présente au groupe du mardi soir qu'anime Marie-Marcelle et depuis ce moment, je suis toujours avec l'ATQ et présidente depuis 2013. Je ne connaissais rien de la communauté LGBT en 2011 et aujourd'hui, je constate avoir fait bien du chemin. Avec la CSN pour le comité LGBT pendant un an, administratrice pour la Fondation Émergence, Fierté Montréal et l'ABA (Association Badminton Anjou). Je suis fière du chemin parcouru et de ce que je suis.

Pour mes enfants ce fut bien des situations émotives. Les questionnements ont été faits pour leurs propres vies et le temps, les expériences les ont fait grandir. J'ai avec eux aujourd'hui une relation d'amour profonde, d'âme à âme. Le partage, le respect, le non-jugement sont présents. La peur ne fait plus partie de nos vies et ainsi grandit un amour pur. J'ai fait deux voyages dans le sud avec eux, du parachutisme, de l'escalade de montagne, sports d'hiver, badminton, soirées festives. Je suis dans leurs vies comme ils sont dans la mienne, soit en harmonie dans ce que l'on est individuellement.

Des parutions dans des journaux, des radios, à la télévision, des documentaires, des revues et bientôt dans un livre. L'amour est important pour moi dans la vie et je porte ce bonheur de vivre en donnant l'espoir de paix, d'harmonie, de joie, d'entraide, de partage qui amène l'humanisation et le respect pour chaque être humain. L'amour est la source de vie la plus puissante et tout ce qui vit sur notre Terre se nourrit de cet amour.

Soyons AMOUR.

Lorsqu'on se donne le temps, tout finit par bien aller

par Stéphanie Hétu

Je crois que je l'ai toujours su, sans le savoir. Dans les années 80, à l'école, il n'était pas chose courante de voir des jeunes s'afficher publiquement gai au primaire ou au secondaire. Mais qu'on s'affiche ou non, je crois qu'on le sait au fond de nous depuis plus longtemps qu'on veut se l'avouer à soi-même.

C'est au Cégep, à mes 18 ans, que j'ai finalement pris réellement conscience de mon orientation sexuelle différente, et que j'ai vécu ma première relation amoureuse avec une femme. Ce fut une époque très tumultueuse dans ma vie, mais qui a eu un dénouement très positif.

Étant très renfermée au départ, cette situation nouvelle m'a déstabilisée et m'a même amenée à changer de programme d'études. J'étais au départ dans un programme qui allait m'amener à un voyage de groupe, et ne me sentant pas la force de vivre cette proximité intense avec un groupe d'élèves alors que je vivais tant de transformations intérieures, j'ai décidé de modifier mon parcours académique.

Fait amusant, je me suis décidée, à un moment donné, d'aller rendre visite à la psychologue du Cégep, question d'avoir des réponses à quelques questions, et de pouvoir parler avec quelqu'un de « qualifié » qui à ma grande surprise n'avait à ce moment-là aucune ressource à me proposer. C'était surréaliste, un peu comme si j'étais la première à m'assoir dans son bureau avec cette « problématique » ! Juste de parler à quelqu'un fait du bien, alors tout était parfait.

Je me souviens que la chose qui me frustrait le plus dans les débuts de cette nouvelle vie et de cette nouvelle relation était le fait de ne pas pouvoir vivre cet amour au grand jour. Aujourd'hui, je sais bien que j'étais seule responsable de ce fait, que si je l'avais voulu j'aurais bien pu vivre ouvertement cette relation au Cégep, mais n'étant pas assez solide dans cette nouvelle vie, je n'osais pas. J'ai tout de même pris le soin d'en parler publiquement, de manière anonyme, en allant glisser un article sous la porte du bureau du journal étudiant, article qui fut publié quelques semaines plus tard avec plusieurs commentaires positifs.

Après avoir pris un moment pour retomber sur mes pattes, il fut le temps de l'annoncer à mes parents. Je savais que ça ne serait pas un moment dramatique, car j'ai des parents très ouverts, mais quel stress tout de même! Avec du recul, je me dis que si c'était si stressant pour moi de l'annoncer alors que je savais que j'avais des parents ouverts, je n'ose même pas m'imaginer la pression que peuvent vivre certains jeunes qui savent que leurs parents ont des préjugés.

L'annonce fut faite à ma mère en voiture, car c'était souvent un de nos moments seuls et privilégiés pour jaser. Elle le savait déjà, je crois, et elle est restée très calme et rassurante. Ensuite, mon père a appris la nouvelle, et m'a dit qu'il était important de ne pas arrêter mes études. Il savait probablement que mon parcours de vie ne serait pas nécessairement aussi simple que celui d'autres jeunes, et il voulait me protéger.

Pour ce qui est de l'annonce à mes amis(e)s, ce ne fut pas très compliqué. Quand on y pense, de ma « gang » du secondaire, au moins deux autres personnes sont gaies alors j'étais très bien entourée! Qui se ressemble s'assemble à ce qu'on dit.

Après les études, il y a eu le marché du travail, qui demande à nouveau un coming out. Mon premier emploi a été dans une entreprise très fermée, où il n'était pas question que j'en parle du tout et c'est ce que j'ai fait. Par la suite, j'ai travaillé comme fonctionnaire en tourisme, et là, disons que le milieu était très ouvert alors pas de problème!

Ensuite, passage dans une grande entreprise privée, où j'ai eu à faire face à une première patronne maladroite qui, ne sachant pas que j'étais gaie, a dit à la première réunion d'équipe à laquelle j'ai assisté et où elle parlait d'un gala à venir « Assurez-vous d'inviter vos chums pour l'événement, je ne veux pas qu'on ait l'air d'une gang de lesbiennes! » C'est à ce moment que j'ai pris conscience qu'il me restait du chemin à faire par rapport à l'acceptation de mon homosexualité. Oui je me sentais forte, mais je suis restée bouche bée devant cette situation à laquelle je ne savais pas du tout comment réagir! Tout s'est bien terminé : après qu'une collègue (et amie) ait délicatement avisé ma patronne que j'étais gaie, cette dernière est venue à moi pour rectifier le tir et m'expliquer que c'était une blague et qu'elle avait des amies « comme ça » et qu'elle n'était pas homophobe. Tout est bien qui finit bien, mais je sais que ce type de situation est encore aujourd'hui fréquente dans certains milieux de travail. C'est si facile de dire « c'était juste une blague » après coup!

Ce qui est très positif dans tout ce parcours est que oui, certains événements font mal, mais chaque moment nous donne la possibilité de grandir.

Plus tard, dans la trentaine, je pensais avoir à faire une sorte de « second coming out » au moment de la naissance de ma fille. Nous étions bien préparées, nous avions même créé un blogue afin de partager la vie de deux mamans et leur enfant. Étrangement, peut-être parce que la société a évolué, nous n'avons pas eu à faire de coming out. Tout le monde acceptait la situation comme si c'était tout à fait naturel, et c'était génial! Oui, nous avions des questions de la part de certaines personnes, surtout dans le milieu médical, mais il était clair qu'il s'agissait d'une belle curiosité envers notre famille un tantinet différente, et envers le processus par lequel nous sommes passées pour avoir cet enfant.

En guise de conclusion, je dirais que malheureusement, bien souvent, nous sommes les seuls à nous imposer des barrières au sujet de notre homosexualité. Notre entourage, nos amis, nos collègues sont souvent bien plus ouverts que nous le pensons. Même s'ils ressentent que NOUS vivons un certain malaise face à notre propre orientation sexuelle, ils ne savent parfois pas « comment ils devraient » réagir, et c'est là que le malaise s'installe.

Je crois sincèrement que pour un coming out positif, il faut au départ s'accepter soi-même afin d'avoir une certaine force intérieure avant de l'annoncer à nos proches. Évidemment, c'est tellement plus facile à écrire qu'à faire! Je comprends tout à fait que certains jeunes ont du mal à en parler, car la peur est grande. Mais lorsqu'on se donne le temps, et qu'on s'entoure de personnes positives qui peuvent nous épauler à travers ces moments plus difficiles, tout finit par bien aller.

Aujourd'hui, je m'affiche ouvertement comme lesbienne dans mon travail et dans ma vie personnelle et ce n'est plus quelque chose que je dois annoncer. C'est un fait, et c'est tout.

Voyage vers soi

par Christian Baril

Il y avait en toile de fond la frénésie d'un premier voyage à l'étranger dans le cadre d'un festival d'art auquel notre Cégep participait, la stupéfaction devant les premières statues françaises, des premières places publiques bordées de cafés, des façades ornementales chargées d'histoire, des premiers « yaourts » aux noisettes, des premières bouteilles de vin à un prix ridiculement dérisoire. Il y avait ça et la rencontre avec des artistes du Salvador, de la Roumanie, du Portugal, du Liban, ce festival étant un événement international. Il y avait la fête, le flot des mots et de toutes ces saveurs nouvelles, tous ces gens qui me faisaient soudain réaliser que le monde était grand, vaste, différent de ce que l'on connaît. Et à la fin du périple, ivre de toutes ces expériences, ce Portugais, grand, bohême, gentil, talentueux.... que j'ai embrassé aux aurores.

Un baiser comme une décharge dans tout le corps, dans tout le cœur. Ce qui s'est passé m'a surpris moi-même. J'avais certes déjà eu quelques histoires, mais pour la première fois, je sentais que cet intense baiser était grand, signifiant, et que ce Portugais que je ne reverrais plus, venait de déposer en moi quelque chose d'immuable: je pourrais tomber amoureux d'un homme. Je pourrais.

Et ce, même si à ce moment, je fréquentais une fille de ma classe. Je la savais intéressée par moi, mais je sentais étrangement que je ne pouvais lui rendre cette dévotion. Je me souviens aussi de cette conversation sur un banc de parc avec ma meilleure amie, après ce baiser qui a tout changé, je me rappelle ces paroles: « Je pense que je suis gai » . Je me souviens l'avoir dit en pleurant, parce que je ne voulais pas être différent, je ne voulais pas avoir une vie compliquée, je ne voulais pas avoir à me justifier pour le restant de mes jours, surtout quand de toute façon il n'y avait rien à justifier qu'un désir irrépressible qu'on ne s'explique pas soi-même.

Je me souviens de ce qu'elle m'a répondu: « Ben voyons c'est tellement correct, c'est ce qui fait de toi quelqu'un d'unique » . Je me souviens par la suite être rentré de cette odyssée comme on revient d'une nuit intense de rêves farfelus et essoufflants: électrisé, agité et en même temps soulagé. Je me souviens avoir voulu nier à nouveau toute cette histoire, en continuant de fréquenter la fille de ma classe, puis une autre quelques années plus tard, toujours avec le poids de cette histoire en moi. Un poids magnifique, en quelque sorte, parce qu'il me rappelait un amour grand et impossible, comme celui des films et des romances.

Et puis un jour, avec cette nouvelle femme avec qui j'avais développé quelque chose, que j'aimais profondément, mais que je ne désirais pas, contrairement à elle qui me donnait tout ce qu'elle était de corps et d'âme, je me souviens avoir eu le déclic, la révélation: je ne peux plus me mentir. Parce que je ne veux plus blesser ces filles trop extraordinaires à qui je ne peux rendre leur amour.

À partir de ce jour, j'ai été honnête avec elle, et tous ceux qui m'entourent, mais surtout avec moi-même: je suis homosexuel. Je suis comme ça. Et c'est tout.

Je me souviens mon père, étonné, et ma mère, qui elle semblait savoir depuis toujours. Je me souviens de leur réaction: ils m'aimaient quand même. Mes amis, mon frère, ma sœur aussi. Et moi étonné, parce que j'avais fait tant de cérémonie pour leur annoncer. Leur demander de me donner du temps. Les asseoir. Passer par quatre chemins. Si les cellulaires avaient existé à l'époque, je leur aurais demandé de l'éteindre. Comme avant un spectacle. J'étais d'ailleurs nerveux comme si j'entrais en scène dans la minute.

Un trac terrible. Mais le soulagement de le dire. Juste le dire. Peu importe ce qu'ils en auraient pensé, juste le dire. Pour que ce soit eux, maintenant, qui vivent avec ma vérité. Et pas juste moi qui la porte pendant des années en louvoyant, me déclarant même à un moment bisexuel avec mes collègues de classe du Conservatoire, même si je savais bien tendre généreusement vers un sexe. Et pas celui que j'aurais choisi.

Comme je venais d'un petit village, je savais que tout le monde ne serait pas nécessairement d'accord avec ça, ou à l'aise. Tout le monde ne pourrait pas comprendre. Et j'essayais d'éviter la discussion avec ceux que je savais moins ouverts à la chose, mais somme toute, comme ma liberté s'arrête là où celle de l'autre commence, il n'y a jamais eu de conflit majeur à ce sujet. Après tout, nous sommes en 2015, nous sommes un peuple tolérant, ouvert, libéré et affranchi. Et ce que certains appellent une anomalie malgré son existence depuis la nuit des temps dans tous les peuples et dans la nature, je le perçois finalement comme une simple différence. Une différence qui, dans un monde parfois terne où on essaie de tout assujettir et standardiser, fait l'exception et colore le paysage.

Dans un métier artistique comme celui que je pratique, il allait de soi que la liberté d'expression devenait un moteur créatif puissant, et que l'homosexualité, comme par ailleurs toute forme « d'originalité » était non seulement accepté, mais devenait en soi une richesse, un terreau fertile d'histoires et de personnages à exploiter.

Ce n'était donc pas si mal, finalement, être unique et singulier, et de fait, être soi-même. Surtout quand devenir soi-même m'avait été révélé par un si beau et troublant voyage vers l'inconnu, aux confins de la France et de mon âme. Le plus grand voyage de tous, s'il en est un: le voyage vers soi, vers sa vérité, là où les possibilités sont infinies et où la découverte n'est jamais une chose immobile; puisque l'être humain est, après tout, un vaste territoire encore indompté, qui vibrera encore et toujours aux multiples et magnifiques nuances de l'amour sous toutes ses formes.

Des années plus tard, je suis retourné en Europe. J'avais gardé contact avec le grand portugais des aurores. Nous avions correspondu beaucoup au retour de mon périple, puis nos courriels s'étaient espacés. Mais au moment de choisir une nouvelle destination à découvrir lors d'un second voyage de l'autre côté de l'Atlantique, je lui avais demandé s'il pouvait m'héberger, mon amie et moi, le temps d'une virée à Lisbonne. Je me souviens la nervosité, dans le taxi, de le revoir à nouveau. Il avait un nouveau copain, il n'y aurait donc certainement pas d'ambiguïté, mais tout de même. Revoir celui qui m'avait révélé à moi-même, revoir le premier homme dont j'ai été amoureux, et dont le souvenir n'avait été nourri que par les rêves et la mémoire, ça faisait forcément virevolter tout mon être. Je me rappelle encore de son adresse, que j'avais notée sur un bout de papier, et que j'ai maladroitement tendue au chauffeur de taxi: 24, Praça de Alegria.

24, Place du Bonheur. Il y aurait donc forcément de la lumière au bout du chemin.

Le jour où je me suis choisie

par Manon Niquet

J'ai fait mon coming out à l'âge de 23 ans et ce n'est pas parce que l'univers ne m'avait pas envoyé des messages avant. J'ai choisi de vivre mon homosexualité (non pas de l'accepter) lorsque mon cœur a battu très fort pour une femme et que cela fut réciproque. C'est vraiment là que tout a basculé. Je vivais pour la première fois, la passion, les frissons, j'avais l'impression de renaître.

J'ai gardé le secret quelques jours. J'avais l'impression de vivre sur une île déserte ou mieux d'être au paradis. Ce qui n'était pas facile, c'est que je vivais une dualité entre le fait d'être heureuse et cette peur d'être rejetée par mon entourage. Nous allions à la même école. J'ai une très bonne amie qui croyait que son amitié avait perdu de l'importance dans mon cœur. Lorsque, je lui avais avoué que j'étais amoureuse, que je lui ai expliqué ce que je vivais, elle était très heureuse pour moi et pour nous deux. J'ai fait des petits pas à la fois dans mes confidences. Je crois qu'une des dernières personnes au courant fut ma meilleure amie. Elle était un peu fâchée que je ne lui aie pas fait confiance, mais elle était tellement importante pour moi. Je me rends compte que finalement, j'ai eu beaucoup de peurs pour rien. Par la suite, je le disais dès que je rencontrais une nouvelle personne. J'ai même décroché un emploi par mon honnêteté.

Cette relation a duré trois ans. Je me rends compte aujourd'hui que de très vieux « patterns » qui me permettaient de voiler ma vision de la vie sont restés quand même longtemps très présents. Je ne peux pas affirmer que cela fut facile. Mes amies m'ont acceptée à bras ouverts, mes cousins et mes cousines étaient heureux pour moi, par contre, je ne peux en dire autant de mes parents. Ils semblaient espérer que je trouve enfin l'homme de ma vie, ou plutôt un gendre pour eux, que je me marie et que je fonde une famille. J'ai senti cette pression longtemps. J'étais triste de les décevoir, mais sans vouloir revenir en arrière.

Je me suis mariée en 1998, ça ne faisait que sept mois que nous nous fréquentions. Cependant, j'étais certaine que c'était mon âme sœur. Notre amour est à un niveau que je ne peux expliquer. J'ai eu trois merveilleux enfants avec cette femme qui partage ma vie encore aujourd'hui. Cette période a été un peu surprenante. Nous avons eu une batterie de tests psychologiques afin de nous assurer que nos enfants ne seraient pas traumatisés par nos choix, et que nous étions outillées pour faire face à leurs réactions. Tous les couples devaient faire ce test à la clinique de fertilité que nous avions choisie, sans discrimination envers notre orientation sexuelle. Mes enfants fréquentent l'école et je n'ai aucune difficulté avec les professeurs, l'entourage, les parents des amis de mes enfants. Ils se développent comme les autres enfants.

Aujourd'hui, il y a tellement de familles reconstituées, de familles monoparentales que mes enfants ne se perçoivent pas différents des autres. Certains de leurs amis disent que cela n'existe pas deux mamans. Ma plus jeune s'est fait expliquer qu'elle n'a pas deux mamans, mais qu'il y en a une qui est sa belle-mère. Je crois que l'important, c'est qu'ils vivent bien avec nos choix et que nous répondions le plus honnêtement possible à leurs questionnements. Il y a juste la fête des Pères qu'ils ne fêtent pas à l'intérieur de la maison et ils ont quand même choisi de donner leurs bricolages à leur Papi chaque année. Je sais que bien des gens se disent qu'un père est important dans le développement de l'enfant. Je crois, plus que tout, que les enfants ont surtout besoin d'être aimés et d'être bien entourés.

Ma relation avec mes parents a beaucoup évolué. Ils jouent leur rôle de grands-parents. Ils sont présents et c'est merveilleux de voir mes enfants évoluer avec eux. Pour ma part, le fait de comprendre qu'ils ne pouvaient pas accepter ce que je n'acceptais pas moi-même, m'a aidée à pardonner. J'ai donc commencé par me pardonner, et à l'époque, mes parents avaient juste besoin de temps. Cependant, je suis consciente que je leur demandais de faire ce dont je n'étais pas capable moi-même! Lorsque j'ai enfin compris que tout partait de moi, les choses se sont mises à changer en moi et tout autour de moi. Je n'étais plus l'enfant qui avait besoin de ses parents, je devais apprendre à m'aimer et à aimer mes parents comme ils sont. J'ai eu peur de perdre l'amour des gens autour de moi. Ces gens veulent souvent me voir heureuse. Ceux qui m'ont acceptée sont restés dans mon entourage. Il y a eu une sélection naturelle et je suis maintenant entourée de gens de qualité, de gens ouverts, avec qui j'ai de beaux échanges et qui m'apportent quelque chose de plus dans ma vie. Pour les autres, je ne peux rien y faire même si parfois je suis triste. Je peux enfin vivre librement.

Il y a eu une période de ma vie où j'avais tellement peur d'être jugée, que les gens me rejettent, que je me rejetais moi-même. Je ne me sentais pas normale. Je crois sincèrement que ce n'est nul autre que moi-même qui m'a le plus jugée diminuée, qui ne me faisait pas confiance, qui me faisait vivre continuellement dans la peur d'être rejetée, de ne pas mériter d'être aimée et qui m'a même par moment détruite. Dès que je me suis acceptée, que j'ai choisi d'aimer cette partie de moi qui me rendait différente, ma vie s'est totalement transformée. Ce ne fut pas toujours facile de ne pas me soucier de ce que les gens pouvaient penser, cependant, je m'épanouis en me disant que je choisis les gens qui ont une belle influence sur moi et qui m'inspirent. Il y a encore des gens qui ne comprendront pas ce choix. Cependant, je n'ai pas besoin de ce genre de personnes pour m'épanouir dans ma vie. En réalité, nous sommes tous différents!

J'ai le bonheur de ne plus faire attention, de ne plus avoir peur de ce que les gens pensent, le monde évolue. Les gens autour de moi sont ouverts. Vivre avec le secret et la peur de me dévoiler, c'est terminé et j'en suis libérée. Mon coming out a été un pas vers ma transformation intérieure!

La personne la plus importante au monde est MOI

par Micheline Anne Hélène Montreuil

Je sentais au fond de moi le désir de vivre de manière différente, d'essayer de nouvelles expériences. Il me semblait que l'apparence que j'avais n'était pas celle que j'aurais aimé avoir.

En 1965, à l'âge de 13 ans, j'ai mis mon premier soutien-gorge, tout simplement par curiosité. Je voulais savoir pourquoi une femme portait un soutien-gorge tandis que moi je n'en portais pas. Je voulais savoir à quoi sert un soutien-gorge et cela je l'ai compris lorsque j'ai appris qu'une femme avait des seins tandis que moi je n'en avais pas. Je voulais savoir ce que ressent une femme qui en porte un. J'ai trouvé cela différent et intéressant.

Vers le même âge et toujours par curiosité, j'ai également mis mon premier jupon et mon premier costume de bain long. À l'âge de 16 ans, je me suis habillée complètement en femme. Je me suis habillée avec un soutien-gorge, une petite culotte, des bas de nylon, une robe et des souliers à talons hauts. Pourquoi? Je sais qu'il s'agissait encore d'une simple curiosité d'adolescente. Si au moins je m'étais habillée en femme pour l'Halloween, j'aurais pu sortir à l'extérieur, compléter cette expérience intéressante et ainsi en tirer des conclusions, mais cela ne s'est pas produit.

En 1975, à l'âge de 23 ans, j'ai fait mon premier maquillage et ma première sortie à l'extérieur de soir. C'était une fantaisie, c'était amusant, voire excitant. J'étais heureuse, mais effrayée à la pensée d'être découverte. De 25 ans à 34 ans, je suis sortie habillée en femme à quelques reprises pour améliorer ma confiance et mon aisance, mais toujours dans un relatif anonymat.

Et c'est en 1986, à 34 ans, que je me suis posée la question existentielle fondamentale: qui suis-je? Je me suis demandé si je n'aimerais pas plutôt vivre en femme qu'en homme, car il me semblait que je partageais plus de points communs avec les femmes qu'avec les hommes.

En 1986, j'ai décidé que si je devais un jour et de manière plus progressive, plus importante ou plus permanente vivre en femme, travailler habillée en femme, sortir habillée en femme, voyager habillée en femme et finalement m'intégrer le plus possible au monde des femmes, il serait logique que je choisisse un prénom « traditionnellement féminin » pour m'identifier en tant que femme et ainsi donner un nom à celle que j'appelle affectueusement ma « sœur jumelle » ou mon alter ego. J'ai alors choisi le prénom de « Micheline » .

En 1992, à l'âge de 40 ans, Micheline Montreuil a commencé à sortir ouvertement habillée en femme au Québec. Puis à 43 ans, Micheline Montreuil a commencé à voyager habillée en femme au Canada et aux États-Unis, à traverser les frontières, à porter un bikini sur la plage, comme toute autre femme.

Dans le schéma traditionnel qui comprend la travestie, la transgenre et la transsexuelle, je peux dire que j'ai été une travestie de 13 ans à 43 ans avec toutes les nuances et toutes les restrictions qu'il est possible d'y apporter et que je suis maintenant une transgenre depuis l'âge de 43 ans. À ce moment-là, j'étais à l'aise avec une grande assurance et en fait, peu importe ce que les gens en diraient, plus rien ne me dérangerait. Lorsque mon père m'a vue habillée en femme, il n'a pas accepté ce changement et sa réaction fût de me dire : « Si tu continues à t'habiller ainsi, tu peux oublier de revenir à la maison! »

Je suis donc repartie de chez lui avec calme et sérénité en me disant que c'est son choix et que s'il préfère ne plus jamais me revoir, je respecterai sa décision et je resterai à distance en continuant ma nouvelle vie.

Lorsque nous nous assumons pleinement, nous comprenons également que nous ne pouvons pas forcer les gens à nous aimer ou à nous accepter comme nous aimerions.

Je suis donc restée à distance de mon père et trois mois plus tard, il m'a téléphoné en me disant: « Tu peux revenir. »

Comme un bon nombre de transgenres, j'ai perdu ma conjointe du temps, car elle n'a pas accepté cette transformation. J'ai accepté sa décision. Elle avait le droit de ne pas accepter ce changement.

Depuis 1987, j'enseignais le droit au Collège François-Xavier-Garneau à Québec, et en décembre 1997, la direction du Collège me demande de choisir entre une démission ou un congédiement au motif que j'avais été vue habillée en femme dans le centre d'achat des Galeries de la Capitale à Québec et que j'avais participé à une soirée d'Halloween habillée en femme, causant ainsi un grave préjudice à la réputation du Collège.

La direction du Collège ne m'a donné qu'un délai de trente secondes pour prendre une décision, et cela, sans aucun avis préalable malgré un dossier disciplinaire vierge en plus de dix ans d'enseignement et une pétition en ma faveur que mes étudiants ont déposée.

À la suite de la perte de mon emploi, Micheline Montreuil commence à prendre presque toute la place puisque c'est seulement cet emploi qui m'obligeait encore à travailler habillée en homme et qui m'empêchait de vivre ma vie habillée en femme tous les jours. J'ai choisi de vivre pleinement ma vie et c'est en tant que femme que j'ai choisi de vivre ma vie, peu importe les conséquences.

Le 13 mai 1998, j'ai pris la décision de couper tous les liens avec mon passé et de faire disparaître mon ancienne identité masculine. Depuis ce temps, mon ancienne identité masculine n'a plus jamais paru en public.

En septembre 1998, à la suite de la sortie d'un jugement de la Cour supérieure concernant l'émission d'un permis de conduire au nom de Micheline Montreuil, des journalistes publient des articles sur ma demande de changement de nom et dans les heures qui suivent, mon histoire fait le tour du Canada. C'est le début de la vie publique et médiatisée de Micheline Montreuil.

Je n'ai jamais choisi et je n'ai jamais voulu que mon histoire devienne publique, mais à la suite des articles parus dans les journaux et de nombreuses entrevues télévisées qui ont suivi la publication des articles relatifs à ce jugement, il était évident que mon histoire était devenue publique et que j'avais été propulsée hors de l'anonymat par les journalistes.

J'avais alors deux choix possibles : ne rien dire aux journalistes et les laisser ainsi écrire ce qu'ils trouveraient comme informations ou rencontrer les journalistes pour leur donner l'heure juste et ainsi présenter une image positive d'une transgenre, ce qui aurait pour effet de faire évoluer positivement l'image que la population se fait d'une transgenre, d'une travestie ou d'une transsexuelle.

J'ai choisi la deuxième option et j'ai accepté d'être disponible pour les journalistes, car je considère que c'est la meilleure manière de faire quelque chose de positif pour la société.

Le 13 septembre 2003, je me suis mariée à une femme extraordinaire. Je n'avais pas demandé à mon père d'être mon témoin tout simplement parce que je ne voulais pas le forcer à vivre cela. Lorsqu'il a su que je ne lui avais pas demandé, il était furieux et a exigé de me prendre le bras et de me conduire à l'autel! Lorsqu'on laisse les gens évoluer à leur rythme, tout devient merveilleux.

Le message que je veux vous donner est de cesser de vouloir plaire à tout le monde. Il est important d'être bien avec soi-même, de s'assumer pleinement et de ne pas forcer les gens à vous aimer ou à vous accepter.

La personne la plus importante sur la Terre doit être vous, car si vous ne pouvez pas vous aimer ou vous accepter tel que vous êtes, personne ne le fera à votre place!

Vivre et laissez vivre et vous serez ainsi plus heureux. J'avais le choix entre avoir raison ou être heureuse; j'ai choisi d'être heureuse et de vivre ma vie comme cela me plaît.

Oui, je suis tout ça à la fois

par Sophie Ducharme

J'ai toujours su que j'étais bisexuelle. D'aussi loin que je me souvienne. Sauf lorsque j'étais toute petite, je n'appelais pas cela comme ça. Oh non! Tout ce qui contenait le mot « sexe » était des mots d'adultes! Alors moi, je n'étais ni bisexuelle, ni homosexuelle ou hétérosexuelle. Comme tous les enfants de mon âge d'ailleurs. On ne faisait pas partie de ces catégories. Du moins, pas encore. À défaut d'être encore inclassable, j'étais amoureuse par contre. Aimer, ça, c'était pour tous les âges.

Je me souviens encore enfant, être tombée amoureuse de garçons. Ça, il n'y avait pas de doute, je les aimais bien! Ce que j'aimais particulièrement, c'était de relever leurs défis. J'adorais leur faire réaliser que je pouvais les battre à la course, aux jeux de ballons ou encore aux batailles de boules de neige. Je me suis souvent demandé si au fond, je n'étais pas un garçon, ou encore, aurais-je dû être un garçon. J'ai mis beaucoup de temps à m'identifier et à ensuite m'accepter en tant que fille. Tout ça, parce que l'image que l'on me projetait à l'époque sur ce « que devait être une fille », ne me correspondait aucunement. Pourtant, au fond, je savais bien que j'étais une fille.

J'ai mis beaucoup de temps à trouver de vrais modèles féminins. Au cinéma, c'était soit ces filles qui se mettent toujours dans le pétrin et que l'on doit secourir, soit celles qui n'ont jamais de rôle pertinent. Et franchement, désolé Disney, mais tes princesses ne m'ont jamais inspirée en quoi que ce soit! Même si Arielle, je la trouvais pas mal « cute » , l'idée de se marier à 16 ans, OK, c'est l'âge de consentement, mais ça reste un peu précoce quand même!

J'étais une enfant qui rêvait d'actions, d'aventures et de défis. Et j'étais persuadée qui ne leur arrivaient jamais rien d'excitant, aux filles! Enfant et adolescente, je m'amusais à jouer le garçon. J'ai fait beaucoup de théâtre. J'avais toujours, toujours, des rôles de garçons! Je portais fièrement les grosses bottes, les chemises à carreaux, la cravate ou le nœud papillon. Je m'appelais tantôt Johnny, Horace, Sony ou même Monsieur. Cela a tellement plus de classe que de se faire appeler Monsieur que Madame! De toute façon, les rôles les plus intéressants, c'étaient toujours les rôles de garçon! Déguisée en garçon, je me plaisais à jouer aux côtés des filles. Elles, elles jouaient souvent mes copines, mes fiancées ou même mes épouses. Je me sentais bien dans ces rôles d'hommes forts, rassurants, courageux et téméraires. C'était tout ce que j'étais en réalité. Sauf que j'étais persuadée que les filles ne possédaient pas ces qualités. Alors forcément, quelque part, je n'étais pas une fille.

Ma vie était devenue une girouette identitaire. Parfois j'étais bien fille : à me maquiller les yeux, à me coiffer les cheveux et surtout, amoureuse des garçons. Parfois j'étais garçon : je jouais à la guerre avec mes cousins, je portais volontiers les vêtements de mon frère et aussi, je tombais amoureuse des filles. Pour moi, rien n'était plus normal. C'était ce que j'étais. Pour mes amis, ma famille, c'était la même chose. J'étais un personnage. Alors quand je jouais le rôle d'un chevalier ou encore que je chantais la pomme à une fille au théâtre, c'était moi tout ça aussi. Et même que les gens en oubliaient que dernière le costume, j'étais une fille. C'était tout simplement ma personnalité et cela n'a jamais causé aucune interrogation particulière.

J'ai toujours été une personne timide en amour. Alors mes histoires de cœur (les vraies), je les gardais pour moi. Pour m'exprimer, j'écrivais des pièces de théâtre, des nouvelles, des chansons ou des poèmes, sur des garçons, et sur des filles. J'étais réellement femme et homme à la fois.

Adolescente, un homme est venu résoudre tous mes problèmes identitaires. Cet homme s'appelait : Quentin Tarantino. Tout un inclassable, lui! Réalisateur américain, il m'a fait découvrir ses personnages de films qui ont aujourd'hui traversé le monde et marqué l'histoire du cinéma. Les protagonistes principaux de ces films étaient des femmes. Mais quelles femmes! Des héroïnes comme je n'en avais encore rarement vu. Des femmes de têtes, de caractères, qui savent se battre, se défendre. Des femmes qui rivalisaient avec les hommes, en tout! Des femmes magnifiques, naturelles, talentueuses, polyglottes, mais qui représentent malgré tout, tout ce qu'il y a de plus féminin. Elles sont douces, délicates, élégantes, maternelles.

Je réalisais qu'il était possible d'être tout ça à la fois. Tout à coup, je me mis à avoir une admiration extraordinaire pour les femmes. J'étais bien une femme, CE genre de femmes! Et je réalisais surtout que je pouvais être tout ce que je voulais, y compris pouvoir aimer une autre femme, sans nécessairement devoir m'appeler Monsieur, Johnny et porter une cravate. Je réalisais que rien ne m'empêchait d'être tout simplement moi-même. Que c'était peut-être moi au contraire qui m'imposais des limites à penser qu'il faut absolument faire comme tout le monde!

Je n'avais pas encore annoncé aux gens autour de moi que j'étais bisexuelle. Franchement, je n'en voyais pas l'intérêt. Et surtout, je ne m'étais jamais réellement posé de questions concernant mon orientation sexuelle. Cependant, adolescente, j'avais l'impression que tous ces mots qui m'étaient interdits lorsque j'étais gamine venaient maintenant perturber mon quotidien. Autour de moi, je rencontrais des gens qui se définissaient hétérosexuel, homosexuel ou bisexuel. Il fallait faire partie d'une catégorie. Plus je grandissais, plus je réalisais que la vie était catégories. On me demandait :

« T'es plus intellectuelle ou manuelle?
- Heu… les deux.
- Ville ou campagne?
- Hum… bien… les deux.

- Vin ou bière?
- Bof, sers-moi les deux!
- Voyage à la plage ou voyage culturel?
- Crémeuse ou traditionnelle?
- Hétéro ou homo?
- Les deux. »

J'ai toujours détesté me faire catégoriser et j'ai toujours eu du mal à devoir le faire. Et puis les catégories, c'étaient pour les autres, pas pour moi. À 17 ans, j'ai rencontré une fille dont je suis tombée éperdument amoureuse. Pour moi, ça n'a même pas été compliqué. J'étais amoureuse. J'avais rencontré une personne avec qui j'avais envie de partager mon quotidien, mon intimité. Sauf que je ne rêvais pas et je ne jouais pas au théâtre. C'était la vraie vie. Et ça ne pouvait pas être plus parfait. J'ai réalisé que ce n'était peut-être pas compliqué pour moi, mais que pour les autres, si. C'est avec les autres qu'il fallait trouver une façon de dire, annoncer, présenter les choses. C'est pour les autres qu'il fallait que je me place dans une catégorie.

« Alors, tu es lesbienne en fait?
- Heu…non.
- Bien, tu sors avec une fille, non? Alors tu es lesbienne. »

Et à 17 ans, pour le bonheur des autres, je me suis catégorisée comme bisexuelle. Tous ceux que je rencontre sur mon chemin cherchent à me catégoriser en tout. L'inclassable n'existe pas. Moi je suis une passionnée. Je vis ma vie à fond, j'écoute mes plus profondes envies et surtout, je vais au bout de mes rêves. J'ai appris à ne pas me poser trop de questions. Ce qui fait de moi une personne entière, vraie, ouverte d'esprit et simple.

J'ai envie de dire que faire mon coming out était un pas vers ce que je suis encore aujourd'hui et ce dont je tiens à ne pas vouloir changer. Cela a sans doute façonné, en partie, ma façon de voir la vie et de la vivre. Je me considère également choyée par la vie, de pouvoir être aussi sensible aux charmes d'une femme que ceux d'un homme. Parfois, je suis même désolée pour ceux qui s'obstinent à ne pas pouvoir reconnaître la beauté chez les gens du même sexe qu'eux. Enfin….

Aujourd'hui, sept ans après mon coming out, mon orientation sexuelle est une toute petite partie de ce que je suis. Pour tout le reste, comme pour mon orientation, on cherche encore à me catégoriser. Et à l'heure d'aujourd'hui, j'ai encore du mal avec les catégories. Je voyage à travers le monde depuis maintenant quelques années. On me demande:

« Tu viens d'où?
- Moi? D'ici et d'ailleurs…
- Non, mais normalement, tu habites où?
- Normalement? »
 Je déteste ce mot… « normalement ».

Cela fait un peu plus de deux ans que j'habite maximum 4 mois dans un même endroit. Je voyage de pays en pays. J'accepte des contrats de travail ici et là. J'ai eu des boulots tous plus différents les uns que les autres. Je parle six langues, je n'ai aucun point d'attache. Tout ce que je possède se retrouve dans un sac de voyage que j'appelle : « ma maison ». J'ai un fort accent québécois, je bois mon café à l'italienne, mon thé à l'anglaise, je porte des babouches et une chompa; je dis « septante » et « nonante » à la belge, je soupe à l'heure espagnole et j'aime faire la fête à la berlinoise. Oui, je suis tout ça à la fois, c'est possible!

Et au final, l'important c'est de s'accepter comme on est et surtout, d'être heureux.

Je suis fier d'être où j'en suis maintenant

par Paul Buteau

D'aussi loin que je me souvienne avoir été attiré par quelqu'un, je suis plus attiré par les hommes que par les filles. Je garde ça pour moi.

Enfant, je suis efféminé, je subis beaucoup d'intimidation, surtout de la part des autres garçons, et je n'arrive qu'à me faire des amies fille. Ce n'est pas une période très heureuse de ma vie. C'est comme ça jusqu'à l'âge de 14 ans.

À 14 ans, je change d'école. Je quitte une école où nous ne sommes que des jeunes de secondaire un et deux, pour aller en secondaire trois, dans une école de deuxième cycle. Là, tout a changé. Je me rappelle d'une occasion où quelques gars de mon âge m'intimident dans les casiers et où un plus vieux leur demande : « C'est quoi votre problème » . Là, l'intimidation cesse. Comme quoi parfois un tout petit geste ou une simple parole peut faire toute une différence. Pendant mes secondaires trois, quatre et cinq, je me fais beaucoup d'amis et je suis populaire, mais sans jamais admettre mon homosexualité à qui que ce soit. À la fin de mon secondaire, je me fais une blonde que ma mère aime beaucoup, mais la relation ne dure pas, bien qu'elle m'accompagne à notre bal des finissants.

Pendant mon tout premier cours de CÉGEP, je rencontre une très jolie fille très sympathique. Je suis content de me faire une amie dans ce milieu où je deviens encore seul et étranger. Avec le temps, elle veut devenir plus qu'une simple amie et comme je l'aime beaucoup et que je ne veux pas la perdre, j'accepte de sortir avec elle. Nous nous marions quatre ans plus tard. Je lui avoue être attiré par les hommes avant notre mariage. C'est la première fois que je l'admets à quelqu'un. Je veux être honnête avec elle avant qu'on se marie. C'est un choc pour elle. Elle me pose beaucoup de questions, mais comme notre vie sexuelle se porte très bien je ne crois pas que cela pose trop de problèmes. Nous voyageons ensemble avant d'avoir un premier enfant dix ans plus tard.

Après dix ans de mariage, tout tourne graduellement au cauchemar. À ce moment, ceci n'a rien à voir avec ma sexualité sauf qu'elle est jalouse autant des hommes que des femmes qui m'entourent. Comme la relation entre nous devient très mauvaise; je suis malheureux. Je m'isole, je n'ai presque plus d'amis, je suffoque. Nous attendons un autre enfant, elle ne veut pas que j'assiste à l'accouchement.

J'invite un ami à venir voir mon deuxième enfant à l'hôpital. Ensuite, nous nous rendons chez moi. Après le souper, nous sommes tous deux en état d'ébriété avancé et il veut rentrer chez lui avec sa voiture. Je ne veux pas le laisser partir dans cet état et j'insiste pour qu'il reste dormir chez moi pour partir en toute sécurité le lendemain matin. Il me demande où il doit coucher et je lui offre de dormir soit dans la chambre en bas, soit sur le divan ou avec moi. Il finit par me prendre par la gorge et insiste pour que je lui dise où JE veux qu'il se couche. Je finis par lui dire de coucher dans mon lit. C'est la première fois que j'ai une relation sexuelle avec un homme, j'ai 36 ans. Je n'utilise pas l'alcool comme excuse.

Tout va déjà mal dans mon couple, je ne suis pas fier de moi et non seulement le lendemain j'admets tout à ma femme; je lui annonce que je reste avec elle pour les relevailles et qu'ensuite je la quitte. La relation avec mon ami n'aura pas de suite. Je ne la quitte pas parce que je suis gai, je la quitte parce que si j'en suis venu à la tromper ce n'est qu'un symptôme que tout est fini entre nous.

Je rencontre un homme qui semble être très attiré par moi et qui me laisse sa carte professionnelle. Un soir où je suis seul dans mon nouvel appartement, je décide de l'appeler et il m'invite chez lui. Nous tombons en amour l'un de l'autre. J'apprends à 36 ans, que deux hommes peuvent s'aimer d'amour et que ça peut être autre chose que du sexe.

Ma mère, qui est au courant de ma séparation, mais pas de mes relations, est déçue de moi et garde mon divorce secret pour éviter un scandale dans son village. Mon ex-épouse envoie l'extrait de mon témoignage en cour en ce qui a trait aux circonstances qui ont mené à notre divorce à mes parents. C'est comme ça que ma mère apprend mon homosexualité. Ma mère cesse de me parler et ne veut plus de nouvelles de mes enfants. Je suis très déçu de mon ex-épouse et je suis profondément blessé.

Pour éviter d'autres ondes de choc, c'est moi qui annonce à mes collègues de travail, car je suis enseignant, que je suis gai et lorsqu'ils ne comprennent pas pourquoi je le fais, je leur dis que j'aime mieux qu'ils l'apprennent de moi que de quelqu'un d'autre et j'ai bien fait. Personne d'autre que ma mère ne m'a tourné le dos.

Depuis ce temps-là, je me suis fait beaucoup d'autres amis, gais et « straights » . Je me suis inscrit dans les Hors la Loi du Faubourg : un groupe de danseurs country pour hommes homosexuels et je suis devenu responsable des relations publiques du groupe. Au cours d'une entrevue à la télévision de Radio Canada mes élèves apprennent que je suis gai. Ils me posent des questions, mais ça ne cause pas de problèmes. Je suis enfin content et fier de vivre pleinement mon authenticité et d'être apprécié pour qui je suis sans avoir à cacher un secret qui n'a rien de honteux.

Ma relation avec Benoît se termine. J'ai quelques relations stables avec quelques autres hommes qui se terminent toujours sans que je me fasse d'ennemis. Je ne me cache de personne. Mes employeurs, mes élèves et leurs parents sont au courant de mon orientation sexuelle et ça ne me pose pas de problèmes. Je suis beaucoup plus heureux qu'avant mon divorce. Parfois je sens que je n'ai jamais fini de sortir du garde-robe. Il y a toujours quelqu'un pour qui apprendre que je suis gai est nouveau.

Puis je rencontre Santo. Nous nous aimons. Santo aménage avec moi, puisqu'à ce moment-là il habite à Toronto et je ne veux pas quitter Québec pour rester près de mes enfants qui sont encore jeunes. Nous nous fiançons.

Ma mère ne me parle plus depuis treize ans et ne veut pas avoir de nouvelles de mes enfants. Mon père ne me téléphone déjà pas souvent, pas parce qu'il ne m'aime pas, c'est tout simplement comme ça. Mon frère, qui souffre que la famille soit séparée, tente souvent de la faire changer d'idée. Il essaie de la convaincre que je suis le même qu'avant et il lui dit que je ne changerai pas à cause d'elle.

Pendant ces treize années, j'essaie d'être un bon fils pour mes parents. J'envoie des cartes et des cadeaux de fêtes, fête des Mères, Noël, etc., mais après longtemps, ça devient trop dur et la souffrance l'emporte sur les avantages alors je prends la décision d'arrêter. De faire comme si mon père et ma mère étaient morts. Noël se passe, Pâques puis la fête des Mères et mon père me téléphone. Ça me fait un choc, je crois que ma mère est morte. Il voulait tout simplement savoir ce qui arrivait avec moi parce qu'ils n'avaient plus de nouvelles. Je lui ai décrit la situation et il m'a répondu que ça ne se passera pas comme ça, de lui laisser 15 minutes pour qu'il parle à ma mère et qu'il allait me rappeler. Quinze minutes plus tard, il me rappelle. Il me dit que Santo et moi sommes les bienvenus si nous voulons aller les visiter. Ce que nous faisons le weekend suivant avant qu'ils ne changent d'idée.

Tout s'est déroulé comme si rien ne s'était passé. Ma mère m'a dit que je n'avais pas changé, que j'avais seulement plus de cheveux blancs. À notre départ, ma mère m'a serré fort dans ses bras en me demandant pardon et en me disant que c'est elle qui avait perdu tout ce temps. Je lui ai dit que j'avais tout ce que je voulais, que nous nous parlions encore comme avant.

En route de retour de chez moi je fais remarquer à Santo que ma mère lui parlait assise en face d'elle à la table en lui tenant les mains et qu'elle n'avait jamais fait ça avec moi. Il a cru que ça me posait un problème et je lui dis que bien au contraire; que ça dépassait de loin toutes mes attentes.

J'épouse Santo. Presque cinq ans déjà, Santo et moi menons une vie tout ce qu'il y a des plus normales avec nos hauts et nos bas.

Je suis content et fier d'être où j'en suis maintenant et je ne voudrais jamais retourner à ce que ma vie était avant mon coming out. Je suis aussi content de pouvoir servir d'exemple pour les jeunes qui m'entourent, qu'ils puissent réaliser qu'on peut être homosexuel, « out » et heureux comme les autres. Maintenant, nous menons une bonne vie rangée avec nos deux chiens. Mes enfants sont matures et indépendants et ils me parlent encore. Mes parents nous présentent à leurs amis et connaissances en leur présentant Santo comme étant mon mari.

Suivre son cœur

par Mélanie Demers

J'ai découvert que j'étais attirée par les filles vers l'âge de 11 ans. À l'école mes amies me disaient: « Regarde ce garçon, il est beau. Sortirais-tu avec lui? » et chaque fois qu'elles me le demandaient, c'était non, car je ne ressentais rien pour les garçons. Mais une de mes professeures, elle, me faisait ressentir le petit quelque chose que mes amies avaient pour les garçons. J'aurais bien aimé être plus vieille et pas son étudiante.

Comme tous les jeunes à cet âge-là, je me posais des questions : pourquoi je ne ressentais pas quelque chose pour les garçons. Par contre pour les filles, je ressentais ce quelque chose. Quelle sera la réaction de mon entourage? Je me suis dit: « Oublie çà! » Je ne peux pas le dire à ma famille ni à mes amies, car mon père a toujours dit qu'il ne voulait pas qu'on arrive avec un gars d'une autre nationalité mis à part québécois, car sinon on se ferait sortir de la famille. Alors je me suis dit que je suis mieux d'oublier ça, car je ne peux pas dire à mon père: « Papa, je sors avec une Québécoise! » Je n'aurais pu fait partie de la famille et moi j'avais la famille à cœur. Je n'étais pas prête à me faire sortir de la famille.

J'ai préféré ne pas déplaire et je suis sortie avec un gars même si je n'étais pas heureuse à cent pour cent. Je suis restée avec lui pendant quelques années, et il trouvait ça bizarre que je ne veuille pas faire l'amour souvent avec lui. Un jour, je lui ai dit que je voulais lui parler de quelque chose d'important. Nous avons discuté et je lui ai expliqué la situation que ce n'était pas lui, mais moi qui n'étais pas capable et que j'étais lesbienne. J'étais avec un homme pour ne pas déplaire à mon père, et que là je n'étais pas heureuse. Je ne voulais plus me cacher maintenant. Il m'a dit merci et qu'il comprenait tout maintenant. Il m'a offert son aide pour le dire à ma famille. Aujourd'hui c'est un bon ami avec qui je peux discuter de tout. Je le remercie d'avoir bien réagi, car il aurait pu mal réagir.

À l'approche des fêtes en 2011, mon père n'étant plus là, j'ai décidé que je ne me cachais plus et que je commencerais à en parler à ma famille proche, ma mère et mes deux sœurs, n'étant pas prête à le dire tout de suite à toute la grande famille. À ma grande surprise, elles n'étaient pas surprises et m'ont dit qu'elles s'en doutaient. Je me demandais bien pourquoi elles s'en doutaient, mais l'important était que ça se passe bien et qu'elles m'acceptent. Elles m'ont dit : « On s'en fou que tu sois lesbienne, l'important est que tu sois heureuse et cela fait du bien de te voir souriante. » Le soir du 31 décembre 2011, c'est le party du Nouvel An et toute la grande famille oncles, tantes, cousins, cousines sont là. Nous fêtons le Nouvel An qui arrive, mais je dois quitter vers vingt et une heures, car nous avons dû appeler une ambulance, ma fille avait fait une grosse crise d'épilepsie. Pendant que je suis à l'hôpital avec ma fille, ma sœur a décidé de dire à toute la famille que j'étais lesbienne et que j'avais une blonde. Elle ne m'en a même pas parlé, non plus qu'elle l'avait dit à la famille pendant que j'étais partie.

Une bonne journée, je me suis dit c'est assez, j'aime ma blonde et je suis bien avec mon orientation alors je le dis au reste de la famille. À ma grande surprise en parlant avec ma cousine, elle me dit qu'elle le savait, car ma sœur l'avait dit à toute la famille le soir du réveillon. Sur le coup, j'étais un peu fâchée, car je voulais l'annoncer moi-même, et en parlant avec ma cousine, je lui dis que j'avais peur de leurs réactions. Elle m'a répondu : « Tu vois, nous le savions et nous avons tous continué à te parler. Alors l'important pour nous est que tu sois heureuse, et que tu restes Mélanie. »

Pour les amies, elles sont au courant et elles aussi n'étaient pas surprises. Pour le travail, quelques personnes le savent puisque je ne parle pas vraiment de ma vie privée au travail.

Aujourd'hui, je suis heureuse. J'ai deux beaux enfants que j'aime plus que tout au monde et je vis bien avec mon orientation. J'ai une blonde merveilleuse qui me rend heureuse et qui m'a redonné le goût d'aimer et de partager de beaux moments en amoureuses.

Il ne faut pas penser à ce que les autres vont dire, car sinon on est malheureuse et ce n'est pas agréable. C'est si beau d'être heureuse et ça fait du bien d'aimer et d'être aimée. Lorsque les autres nous voient heureuses, c'est plus facile d'accepter. L'important c'est de laisser le temps aux parents d'accepter. Il y en aura qui accepteront tout de suite, et pour d'autres cela prendra plus de temps. Il faut y aller tranquillement. Ça ira bien avec la patience et le temps.

Pour conclure, je peux dire que j'ai passé par beaucoup d'émotions avant de faire mon coming out, j'ai passé la peur d'être rejetée et le jugement des autres. Mais avec le temps, je peux dire que je me suis oubliée pendant quelques années en voulant faire plaisir à ma famille et j'étais malheureuse. J'ai commencé à être heureuse le jour où j'ai décidé de penser à moi et mon bonheur. Cette journée où j'ai dit à ma mère et à mes sœurs que j'étais amoureuse d'une femme et que j'étais enfin heureuse, c'est là que mon bonheur a vraiment commencé.

Faites ce que votre cœur vous dit. C'est ce que j'ai fait et je suis heureuse de l'avoir fait.

Il faut garder la tête haute et ses propres valeurs

par Dominique Lavergne

Lorsqu'on me demande comment s'est passé ma sortie du placard, je souris tout le temps, car, pour moi, je n'ai pas considéré le tout comme étant une sortie, mais bien un tout. J'ai toujours su, de la petite école jusqu'à présent.

Oui, j'ai eu mes moments plus concrets et éclaircis de décisions en vieillissant comme bien des gens, mais je n'ai pas eu besoin de me poser des questions, car tout était ancré en moi. Il s'agissait plus de l'avaler et de l'assimiler.

Je suis sortie par « mégarde » à mes parents au secondaire. Ma mère ayant trouvé une lettre d'amour de ma copine du temps. J'ai dû m'assoir avec mes parents et expliquer (surtout à ma mère) de quoi il s'agissait dans cette lettre. Ma mère qui ne voulait pas admettre que ça se pouvait ou même pire, elle se blâmait. Les moments qui suivirent ce coming out furent très durs. Beaucoup de chicanes familiales sur mon sujet parce que je « traversais » une passe et que j'allais changer (dans les souhaits de ma mère bien certainement). J'avais une copine à l'âge de 16 ans. Mes parents ne voulaient pas que je la fréquente, car de un, ils n'acceptaient pas qui j'étais et de deux elle était plus jeune que moi alors ils avaient peur de la réaction de ses parents.

C'était un début d'amour très difficile. Je me voyais sauter des cours au cégep pour aller voir ma copine dans sa ville et par ce fait, je coulais certains cours. Notre relation a quand même duré trois ans. J'ai même déménagé à Montréal pour elle (je viens de l'Outaouais) . Trouver un appartement dans une nouvelle ville, travailler pour gagner sa vie. J'étais devenue une adulte à 18 ans. Les études ont pris le bord et le travail, se façonner une nouvelle vie, apprendre les rudiments du Village, le « comment ça fonctionne » seule, sans mes parents. Puis, l'inévitable est arrivé, ma copine du temps est tombée amoureuse d'un garçon. Première vraie peine d'amour, premier échec. J'ai donc déménagé en Outaouais, chez mes parents le temps de me stabiliser financièrement. Je me suis trouvé un appartement, un nouvel emploi, de nouveaux amis(es).

J'ai fait la rencontre d'une demoiselle qui, elle, avait déjà fait sa sortie, ses parents étaient déjà au courant et cela m'a aidée, cela m'a rassurée. Nous avons déménagé à Montréal (moi pour la deuxième fois). On était en 2000. Notre couple n'a pas duré, mais cette fois, je me suis dit : « Dominique, tu es capable ». Je suis donc restée dans cette ville que je ne connaissais pas. Cette immense ville qui, à ce moment-là, me faisait grandement peur. Je n'avais presque pas de contacts avec mes parents autrement que pour leur dire que j'allais bien, que je travaillais et que je mangeais bien.

Je me suis fait de nouveaux amis(es) dans le Village et j'ai commencé à y travailler. J'ai découvert le Cabaret Mado. J'y sortais tout le temps. J'étais bien. Les gens étaient bien. J'ai rencontré une autre demoiselle qui était plus vieille que moi et avec qui j'ai partagé 8 ans de ma vie. Je l'ai finalement présentée à mes parents… Eh boy! Pas nécessaire de vous dire que le premier regard de ma mère était rempli de préjugés, de regrets et d'amertume. Mes parents ont presque 80 ans alors pour eux ce n'était pas très catholique que d'être lesbienne. Ce n'est qu'après presque 10 ans à mettre de l'eau dans mon vin que ma mère m'a finalement dit : « Dominique, tu sais, je comprends mieux et j'aimerais rencontrer ton monde » . J'ai pleuré. Mes parents ont bien vu que je ne changeais pas, que je n'avais pas sombré dans la drogue ou autres, mais bien que je devenais quelqu'un. Par la suite, j'ai commencé à travailler au Cabaret Mado où ma place dans la communauté s'est vite faite. J'ai commencé à réaliser que je voulais aider la communauté, ma communauté. Je me suis retrouvée à travailler chez Priape, un sexshop gai à l'époque, où j'ai pu m'épanouir dans ma vie, tant émotionnellement que psychologiquement. J'ai participé à plusieurs soirées, pour la communauté, certaines même dont j'en étais l'instigatrice.

Depuis, ma mère me téléphone à chacune des fois qu'elle voit Mado ou une autre drag à la télévision. Elle est fière de qui je suis devenue. Elle a compris que j'étais la même personne avec les valeurs qu'elle m'a données étant enfant. Maintenant, je suis représentante communautaire pour Fierté Montréal, je siège également sur le Conseil de Fierté Montréal et ça, pour ma mère, c'est de l'or, car je peux maintenant aider ma communauté dans ses diverses démarches, car elle le sait, que moi, je n'ai pas eu cette chance.

Ma sortie du placard fut un long processus sur l'apprentissage de la vie et de moi-même. Mon père était cool dans toute cette histoire, car il ne voulait que mon bonheur. Mon frère et ma sœur eux, au début c'était une adaptation et le tout a rapidement fait place à une relation plus serrée.

Maintenant, je me considère très chanceuse dans ma malchance, car ma relation avec ma famille est très proche, très unie et surtout très vraie. Je peux foncer dans les projets que j'entame en sachant que derrière moi, le vent qui me caresse est ma famille.

Un exemple concret qui m'a touchée et qui reste imprégné dans mon cœur à jamais est celui-ci : « Un de mes premiers pas dans un projet que j'ai pu faire avec fierté, est d'ouvrir le défilé de Fierté Montréal en tenant le drapeau des femmes gaies. C'était mon premier défilé à vie, j'étais nerveuse et j'ai reçu des fleurs avec une carte disant que le vent qui me poussait dans le dos était toute ma famille immédiate » . Je peux juste vous dire que j'ai pleuré de joie.

Maintenant, quand je vis quelque chose soit d'heureux ou de triste, je peux compter sur l'appui de ma famille.

Parfois la vie te surprend. Il faut garder la tête haute et ses propres valeurs bien ancrées et j'y crois, tout finira par bien aller.

Je suis épanouie et bien dans ma peau

par Karine Poulin

J'aimerais avant tout vous faire une courte histoire sur mon chemin de vie. L'histoire débute à ma préadolescence, vers l'âge de 9 ans. J'ai découvert à cet âge que de chausser des bottes de femmes en cachette me procurait du plaisir. Ouf, que se passait-il avec moi? J'ai alors évolué avec d'autres pièces de vêtement, toujours en cachette, au travers de mon adolescence et profité de ce plaisir grandissant. En même temps, pour moi, c'était un interdit qui me procurait encore plus de plaisir.

J'ai toujours cru, au travers de mon adolescence qui ne fut pas très rose, que mon père était la source de ce qui se passait en moi. C'était un père exemplaire jusqu'au jour où il « flippat », se remis à prendre de la boisson les weekends et est devenu très violent verbalement, surtout avec ma mère. Il a même tenté d'abuser de moi lorsque je dormais. J'ai appris par la suite qu'il était pédophile. Quelle trahison je venais de subir!

Au travers de ma thérapie que j'expliquerai plus loin, et à l'âge de 51 ans, j'ai compris que mes besoins ont commencé avant le « flip » de mon père. C'était donc bien en moi et mon père n'en était pas la cause.

J'ai donc vécu mon adolescence à me demander ce qui se passait avec moi sans pouvoir en parler à quelqu'un. Je me sous-estimais en ne connectant pas avec les autres gars. Je sentais que j'avais quelque chose de différent, mais ne savait pas quoi. Je me suis mariée à l'âge de 21 ans avec ma première blonde (wow, une fille qui s'intéresse à moi!) . Mariage qui ne dura pas longtemps lorsque j'ai appris à ma femme que j'aimais porter des vêtements de femme et que sa mère s'en était mêlée. Moins d'un an après, nous avons divorcé et elle a même demandé l'annulation du mariage, ce qui fut accepté.

Mon évolution en tant qu'adulte s'est donc passée en tentant du mieux possible de paraître homme, mais en étant déchiré par mon besoin d'exprimer la femme en moi. J'ai donc eu quelques conjointes et j'ai alors rencontré la mère de mes enfants. J'ai vécu environ 8 ans avec elle et nous avons eu deux garçons qui ont aujourd'hui 19 et 23 ans. Je lui avais dit au début de notre relation ce que je vivais, mais je ne lui en ai plus parlé de peur qu'elle me rejette. Elle croyait que ce n'était que passager et terminé jusqu'à ce que je me rase les jambes et que je sois obligée de lui dire à nouveau ce que je vivais. Ceci est arrivé après la naissance de mon dernier. J'ai vécu mon besoin en cachette tout ce temps. Ce fut alors le drame et j'ai dû consulter un sexologue. Notre couple s'est alors terminé, alors que mon plus jeune avait 18 mois. Je suis par contre toujours restée en bon terme avec elle et j'ai eu la garde partagée jusqu'à leur 16 ans et 19 ans environ.

J'ai donc fait d'autres rencontres avec des femmes, retournée en couple et même en famille recomposée qui s'est terminée en 2006. C'est alors que j'en ai eu assez et j'ai contacté un groupe de travestis. J'ai fait mon coming out à un party d'un autre groupe d'Ottawa en décembre 2006. J'étais excitée et en même temps fébrile de pouvoir sortir en tant que femme. Cette même année, j'ai appris à mes enfants qui avaient alors 11 et 14 ans que je me travestissais à l'occasion. Ça m'a pris tout mon petit change pour leur dire ceci, mais je préférais qu'ils l'apprennent de moi plutôt que d'autres. Leur réaction fut OK et mon plus vieux a versé quelques larmes. Ils ont donc été habitués de me voir en femme et en homme à la maison.

Par contre, je faisais tout pour être discrète et que leurs amis n'apprennent pas ceci par respect pour eux, craignant qu'ils se fassent agacer. Je jugeais que c'était déjà beaucoup pour eux de m'accepter ainsi.

J'ai eu donc plusieurs autres sorties avec les copines et devenais de plus en plus à l'aise. Par contre, j'avais toujours cette peur que des gens me reconnaissent ou apprennent ce que je suis. Avec le temps, je supportais de moins en moins cette double vie et je dépérissais de plus en plus. Je m'enfermais, fumais du pot à tous les soirs et un jour, j'en ai eu assez. Je ne savais plus qui j'étais! J'ai décidé de me prendre en main. J'en ai parlé à mon docteur qui m'a donné une prescription pour dysphorie de genre.

J'ai su par des amies qu'il y avait un groupe spécialisé dans le domaine et chapeauté par le psychiatre Dr Assalian de l'hôpital Général de Montréal, centre de santé McGill. Je suis donc allée à une entrevue à cet hôpital avec des thérapeutes afin de m'interroger et voir si j'étais susceptible à entrer dans le programme spécial du centre de santé McGill. Une de mes amies trans avait suivi ce programme et les résultats semblaient excellents. Ils ont donc dit que j'avais le bon profil et que j'étais acceptée dans le programme que j'ai débuté en 2012. Je leur ai dit que je ne voulais pas nécessairement devenir une femme, mais que je voulais simplement être mieux avec moi-même et savoir qui je suis. Ce programme a justement pour but de nous aider à identifier qui nous sommes dans notre genre et nous confronter à nous même. Ce programme est d'une durée d'au moins 2 ans avec des rencontres toutes les semaines, alternativement en individuel et en groupe. Mon plus vieux alors vit en appartement avec sa blonde et le plus jeune avec sa mère.

J'ai donc appris la nouvelle à ma famille et mes enfants. J'ai eu l'assistance de ma thérapeute pour me donner les outils afin de passer à travers ce moment. Ce fut facile avec ma sœur qui est lesbienne, un peu difficile avec ma mère qui se sentait sûrement coupable et disait avoir mis au monde un garçon. Avec mon frère, ce fut difficile au début, mais lorsqu'il a vu que j'étais dans un programme sérieux et que mes démarches l'étaient aussi, il a changé, accepté et me supporte pleinement. Pour mes garçons, ce fut difficile pour mon plus vieux, mais il avait une blonde pour l'aider à passer au travers. Pour le plus jeune, ce fut une autre histoire. Il ne l'acceptait pas du tout, ne parlait pas et ne voulait pas en parler. J'ai respecté le fait que ce soit difficile pour tous et qu'il fallait que je donne du temps à tout le monde afin qu'ils puissent l'assimiler. J'ai leur ai donné beaucoup d'informations sur mon évolution dans ma thérapie. J'ai donc respecté pour chacun leur vitesse à assimiler sans pousser.

À la fin 2012, j'ai donc décidé de vivre ma vie en tant que femme et assumé le regard des autres, sauf pour mon travail. Je faisais partie alors d'une chorale et leur ai demandé s'ils avaient des objections à ce que je me présente en femme à partir de janvier, lors de nouvelles répétitions. Ils furent tous surpris, mais m'ont très bien acceptée.

C'était alors impossible pour moi de pouvoir travailler en tant que femme, surtout que j'étais représentant en informatique et avais beaucoup de clients. C'était ma dernière étape à franchir! En janvier 2013, avec le travail que j'avais fait sur moi, je me suis sentie alors prête à m'afficher et affronter la transition à mon travail. J'ai alors rencontré la fille des ressources humaines, et mon patron. À ma grande surprise, mon patron a été très compréhensif et a plutôt eu de l'empathie pour moi. J'étais tellement bien avec moi-même et en confiance que j'ai décidé de rencontrer tous mes plus proches collègues et clients pour leur expliquer ce que je vivais. Je les ai aussi prévenus qu'au 14 mars, ce serait dorénavant Karine. Un mois d'avance, une lettre a alors été adressée à tous les employés de la firme afin d'expliquer la transition et j'y avais aussi joint une lettre expliquant ma condition, qu'ils étaient mes collègues et que je les respectais en demandant leur respect en retour. Tous attendaient ce fameux 14 mars et tout s'est bien passé. Il y a eu une période de transition comme de raison afin qu'ils s'habituent à me voir, certains un peu plus réfractaires, mais OK. On ne peut plaire à tous! Avec mes clients, cela s'est aussi bien passé, mais il y a également eu une période de transition. Mon contact principal m'a dit que c'était un choc au début, mais qu'il s'y est fait sans problème. Ils étaient très contents de mon service et savaient que ça ne changerait pas mes compétences.

Je suis maintenant bien entourée, épanouie et bien dans ma peau. Même mon plus jeune s'est fait une blonde et il veut me la présenter!

Je tiens à dire qu'il est important de respecter la vitesse de chaque personne que nous aimons et qui nous entoure afin d'assimiler la transition. Ceci m'a permis de conserver leur amour et leur respect. Nous imposons un grand changement dans leur vie et il faut bien comprendre que ce n'est pas facile pour eux aussi. C'est aussi un deuil pour eux!

Un sentiment dans le bas-ventre

par Guillaume

C'est le sentiment bizarre dans le bas-ventre. C'est un mélange d'anxiété, d'excitation et d'appréhension. C'est la meilleure façon de décrire comment je l'ai su. Bien sûr, c'est aussi sentir qu'on ne joue pas comme les autres, qu'on n'aime pas le hockey, qu'on ne se bat pas comme les autres petits gars. Mais des tonnes de gens se sentent différents, sans pour autant être homosexuels, bisexuels ou ne soient pas nés dans le bon corps. C'est quand tu ressens du désir, de l'excitation pour une personne de même sexe, pour la première fois, que tu atteins le point de non-retour.

Pour moi, c'est en compétition de judo, quand j'avais 12 ans. J'en étais à mon troisième combat (sur trois) de la journée. Après avoir salué mon adversaire, qui était plus grand et mieux bâti que moi, je me suis rapidement retrouvé immobilisé au sol. Je n'étais pas un combattant très féroce, j'avais perdu mes deux autres combats de la journée. Ce gars-là, par contre, avait été beaucoup plus rapide que les autres et m'avait mis au sol à son deuxième essai de prise. Pendant les dix secondes où il m'a immobilisé, j'ai croisé son regard. J'ai aussi senti le poids de son corps sur le mien, nos jambes qui se croisaient pendant que j'essayais de me défaire de son emprise. Il m'a tenu fermement en prise d'immobilisation, mais, pendant un moment, il y a ce sentiment dans mon bas-ventre qui s'est installé. Il était fort, il avait des yeux verts perçants et une grande confiance en lui. Il savait qu'il allait me battre, et moi j'avais tout sauf le combat en tête. Ce moment-là, je vais m'en souvenir toute ma vie. J'ai arrêté le judo la session suivante.

Pendant mon adolescence, j'ai tranquillement abandonné les sports pour faire du théâtre, de l'impro et de la musique. Les arts ont été très bons pour moi; j'y ai rencontré des gens extraordinaires. À 17 ans, j'ai commencé à parler avec ces personnes, dont ma meilleure amie Gabrielle, de mon homosexualité. J'ai pris une longue marche avec Gabrielle, je lui ai dit que je pensais être gai, et elle m'a serré dans ses bras. J'ai pleuré un coup, avec de vrais sanglots sonores que je trouverais sûrement exagérés aujourd'hui. J'étais jeune et, pour la première fois de ma vie, je n'avais plus peur de ma sexualité.

Quand j'ai eu 18 ans, j'ai commencé une nouvelle session de théâtre et j'ai rencontré un gars dans la troupe qui me faisait de l'effet. Un beau grand blond aux épaules larges qui riait fort. Olivier, qu'il s'appelait! L'hiver où nous nous sommes rencontrés, un soir de janvier, nous nous sommes embrassés devant chez lui. J'avais embrassé des filles, mais Olivier, avec sa barbe naissante, ses yeux perçants et la fougue avec laquelle il m'a pris les épaules, m'a fait comprendre que jamais je ne ressentirais de tels sentiments pour des filles. J'ai retrouvé ce sentiment dans le bas-ventre, sauf que cette fois-ci, je n'étais pas mal à l'aise de le ressentir.

À ce moment-là, j'avais pris d'autres longues marches avec mes amis proches et leur ai dévoilé mon homosexualité. Mais ma famille n'en savait toujours rien. Ma grande sœur, Marie-Michelle, quittait notre Saguenay pour l'université l'automne suivant. À la fin de l'été, avant qu'elle ne parte, j'étais dans la voiture avec elle quand je lui ai dit que j'étais homosexuel. Elle a été encourageante, mais prudente; sois-en certain avant d'en parler à papa et maman, qu'elle m'a sagement conseillé. J'en étais certain, mais elle avait senti, dans le tremblement de ma voix, que je n'étais pas prêt. Elle avait raison; Marie avait toujours eu de la facilité à me lire, depuis qu'on était des enfants.

Quelques mois plus tard, maman regardait la télé. J'étais assis près d'elle et mon cœur battait très fort. C'était le moment, j'avais marqué mon calendrier, comme une amie lesbienne me l'avait conseillé. « Choisis une date pour ta mère, et une date pour ton père. À ta discrétion. Si tu ne le fais pas, tu ne le feras jamais. » Maman a été d'une compréhension incroyable. Comme Marie, elle m'a dit qu'elle n'avait aucun problème avec cela et qu'elle voulait que je sois heureux. Elle m'aimait comme je suis, et elle m'aime toujours.

Papa était la dernière étape. Si j'avais à décrire mon père, je dirais qu'il a un charisme incroyable. Les gens veulent être autour de lui; il travaille dans le domaine public depuis toujours et tout le monde s'entend pour dire qu'il est drôle, sociable et un excellent dentiste.

Je n'avais aucune raison concrète de croire que Papa aurait des réserves face à mon homosexualité; il avait un couple d'amis très proche de lui qui était de deux hommes. Jamais je ne l'ai entendu faire de blagues ou de commentaires désobligeants. Il avait de la classe, mon père, et du respect pour tous. Il venait d'une famille très religieuse, par contre, et ce côté-là me faisait peur, un peu. Mais j'avais beau ressasser tout ça dans ma tête, préparer mon esprit et mon corps, mon cœur, lui, ne voulait rien savoir. J'ai demandé à Marie d'être présente quand je lui dirais. On allait souper, tous les trois. Peu avant de recevoir nos plats principaux, j'ai tout déballé. Mon père a hoché la tête pendant que je parlais et, quand j'ai eu fini, il m'a posé des questions pour savoir si j'étais amoureux, si je le savais depuis toujours. De belles questions qui m'ont fait chaud au cœur. Puis, il m'a dit : « Je ne saurai jamais ce que tu ressens, mais sache que, lorsque j'ai divorcé de ta mère et que j'ai dû le dire à ma famille, ça a été très difficile. Je pense qu'ils auraient préféré que je sois gai plutôt que je divorce. Pour eux, divorcer, c'était abandonner ses enfants et cela était inacceptable. »

Son parallèle m'a permis de comprendre que, oui, le coming out est difficile, mais tout le monde se bat, chaque jour. Tout le monde a ses problèmes, ses difficultés. Mais les gens forts les surmontent. Mon père était fort; il s'est battu pour être plus heureux, pour que ma mère et nous soyons plus heureux plutôt que d'entretenir un amour qui était mort. Ça lui a pris du courage et moi, du courage, j'en avais aussi. Ça, c'est une leçon que je retiens encore aujourd'hui.

Il ne faut jamais compromettre son bonheur; la vie est trop courte.

Aujourd'hui, quand je parle de ma vie amoureuse, professionnelle ou sociale, mon homosexualité n'est pas un problème. J'ai étudié pour être professeur, moi qui ai toujours adoré l'école. J'ai des collègues incroyables et ouverts, et des élèves qui me donnent confiance en l'avenir. Mon homosexualité a fait de moi une personne plus forte, qui refuse de compromettre son bonheur.

Olivier et moi, cela n'a pas fonctionné. Mais nous avons vécu une belle histoire; tomber amoureux jeune peut parfois être trop intense. Depuis, j'ai rencontré Bruno, Mathieu, Fred et Julian, qui m'ont tous transformé à leur façon. Des gars que je trouvais tellement beaux, des gars en confiance. Aucun n'a été le bon, mais tous ces gars-là ont une chose en commun.

Ils m'ont donné ce drôle de sentiment dans le bas-ventre.

Je vis pleinement ma vie sans me cacher

par Anick Léonard

Mon histoire commence à l'âge de 15 ans, en 1985.

À l'époque, j'étais en secondaire 4 et je n'avais d'yeux que pour ma meilleure amie Caroline. Ma famille semblait quelque peu au courant de cette soi-disant « phase ». Je voulais toujours être en sa présence et je trouvais des excuses pour la voir le plus souvent possible. Mon grand choc personnel fut de constater que jamais je ne pourrais l'aimer comme j'aurais voulu puisque j'étais une fille et elle aussi. Je l'ai tellement pleurée. J'aurais tant voulu être un garçon pour qu'elle soit ma blonde.

Wow, tout se bousculait dans ma tête à l'aube de cette constatation. Puis je suis sortie avec quelques gars et mon dernier amoureux en 1987 avait 16 ans de plus que moi. Je crois que dans ce cas, il faisait plus figure de père manquant, que d'un amoureux. D'ailleurs, mes deux derniers chums avaient déjà soupçonné mon attirance pour les femmes. C'est alors que j'ai admis mon « lesbianisme » et ce fut décisif. Jamais je n'avais aimé comme j'aime maintenant les femmes. Les hommes ont pris le bord et ce fût un « case close » comme on dit.

Je me rappelle avoir été manger avec une de mes tantes pour lui annoncer de vive voix. Elle me répondit alors : « C'est ton choix. Je trouve juste dommage que tu vives toujours dans un monde marginal. »

Au fil des années, je suis sortie avec plusieurs femmes, toutes différentes les unes des autres. J'ai commencé à 17 ans à sortir avec un ami homosexuel dans les bars à la recherche de l'âme sœur. Ce n'est qu'à 19 ans, le 24 décembre 1989, chez ma mère très en colère que nous nous sommes confrontées sur le fait de dire si j'étais lesbienne, et je lui répondis alors: « Eh bien si tu veux le savoir, oui je suis effectivement lesbienne. » Je n'avais pas eu l'opportunité avant ce moment de lui dévoiler puisqu'elle avait déménagé hors de la ville en avril 1985 avec son amoureux. J'ai terminé mon secondaire et tout de suite je me retrouvais sur le marché du travail à temps plein à 17 ans. Elle ne m'a jamais reniée ou refusé de me voir car j'étais lesbienne, par contre, je sais très bien qu'au fond d'elle, elle ne l'a jamais accepté à 100%. Comme je suis fille unique, pour elle, que sa fille soit lesbienne, signifiait qu'elle ne pourrait jamais être grand-mère.

Je vivais mon « lesbianisme » depuis déjà deux ans, seule avec toutes mes inquiétudes et mon questionnement du pourquoi je n'étais pas normale. Je sortais dans des bars gais et je fréquentais des gens très gais. Autour de moi, tout gravitait autour de ma propre découverte identitaire. Je désirais tellement aimer une femme et pouvoir la rencontrer enfin. J'étais très curieuse de découvrir en toute hâte cette sensualité, cette douceur cet Amour de femme, ouf.

Je me suis découverte, acceptée et surtout respectée. Plus les années ont passé, plus je me suis accueillie.

Lors de mes différentes entrevues de travail, j'ai toujours répondu dès le début à la question: êtes-vous mariée?, que j'avais une conjointe. Je ne m'en suis jamais cachée, car c'était à prendre ou à laisser. De ce fait, mon entourage professionnel, mon cercle d'amis(es), ma chorale, tous et toutes ont su dès le départ que j'aimais les femmes. À ma grande surprise, la réaction a toujours été positive.

Aujourd'hui à 44 ans, j'ai aimé des femmes toute ma vie et maintenant, je vis le rêve américain, mariée à une femme belle, intelligente et extraordinaire avec trois enfants, le chat, la belle maison, les voyages et tout le reste. Nous sommes mariées depuis un an et ensemble depuis six ans maintenant. Depuis notre première rencontre, nous ne nous sommes jamais quittées.

Au fil des ans, ma famille en général, mes amis(es) et les gens autour de moi ont la chance immense d'avoir une personne gaie dans leur vie.

Pour terminer, le beau côté, c'est de vivre pleinement ma vie avec ma partenaire, ma conjointe sans nous cacher.

En 2015 presque chaque personne, connaissance, parent ou amie ont quelqu'un dans leur entourage qui est gai. Beaucoup de choses ont évolué depuis les années 1987, et ce, fort heureusement.

Je vis ma vie tout simplement avec la femme que j'aime

par Sylvie Démus

Je suis née en 1959 à Nevers, dans le Centre de la France. J'ai passé toute mon enfance et une grande partie de mon adolescence dans un village ouvrier en pleine campagne.

Déjà toute petite, j'étais attirée par les filles. Mais je ne savais pas ce que cela signifiait. À cette époque, on ne parlait pas d'homosexualité, de plus dans un milieu campagnard et ouvrier. Je suis tombée amoureuse d'une fille pour la première fois quand j'avais 13 ans. Mais je n'ai jamais rien dit à cette fille, car je sentais bien qu'il se passait quelque chose qui n'était pas « normal » par rapport aux autres filles de mon âge, qui ne parlaient que de garçons.

Puis nous avons déménagé et sommes partis en région parisienne. J'avais alors 16 ans et ce fut pour moi un véritable choc culturel, tant au niveau de mes études que de ma vie quotidienne. Je sortais de ma campagne profonde et découvrais alors une nouvelle vision de la vie.

À 19 ans, je passais mon baccalauréat à Paris et enchaînais avec mes études universitaires. Il n'y avait aucun tabou. Jusqu'à ma terminale, j'étais sortie avec des garçons, pour faire comme tout le monde. Mais en secret, j'avais déjà été attirée par des filles, toutefois sous silence bien entendu. Que ce soit à la maison ou avec mes amis, hors de question pour moi de parler de tout cela.

Puis à la fin de mes études, je suis vraiment tombée amoureuse de Chantal, la sœur d'une amie d'université. Celle-ci fut accueillie dans ma famille à bras ouverts. Officiellement, pour nos familles, nous étions les meilleures amies du monde. Diplômes en poches, nous avons pris un logement ensemble. Chantal est ensuite partie avec une amie, faire le tour des États-Unis et du Canada pendant un an, projet qu'elle avait bâti depuis longtemps. À son retour, j'avais trouvé un emploi et travaillais dans le domaine de la prévention de la délinquance. Elle découvrit alors qu'elle était enceinte. Nous décidâmes d'élever son enfant ensemble.

Je ne peux pas vraiment parler de « coming out » au niveau professionnel. En effet, dès que j'ai travaillé et acquis mon autonomie, j'ai affiché clairement mon homosexualité. J'étais ainsi, tout simplement, et pour mes amis et collègues, il n'y avait aucune ambiguïté. C'était une évidence.

J'avais 25 ans, Chantal avait accouché d'un petit garçon que nous avons appelé Pablo. Je le considère comme mon fils. Nous l'avons élevé ensemble jusqu'à l'âge de 14 ans, année de notre séparation. Pablo était considéré comme le premier « petit fils » de la famille, mais cette dernière n'était toujours pas au courant officiellement de mon homosexualité. Mes frères, plus jeunes que moi, le savaient depuis toujours.

Donc, séparation avec Chantal, après 18 ans de vie plus ou moins commune. J'étais effondrée. C'est alors que je me suis confiée à ma maman. J'étais totalement angoissée de sa réaction. Je pense que je n'en avais jamais parlé, de peur d'un rejet de mes parents justement.

Ma maman eut une réaction que je souhaite à tous ceux qui voudraient faire leur coming out. Elle me prit dans ses bras, me dit qu'elle s'en doutait, qu'elle attendait que je lui en parle. Bien sûr, elle avait espéré une autre vie pour moi, mais ce qu'elle souhaitait le plus c'est que je sois bien dans ma peau et heureuse, peu importait que ce soit avec un homme ou une femme. Ouf, un nouveau cap de passé.

Cependant, une personne ne le savait toujours pas ou faisant semblant de ne pas savoir, il s'agissait de mon père. C'était un homme sévère dont je craignais vraiment la réaction. Quant à mes grands-parents, ils sont décédés sans savoir.

En 2000, alors que je venais de m'installer avec ma nouvelle compagne, depuis quatre jours mon père est décédé. J'ai donc fait mon coming out familial lors des obsèques de mon père, puisque j'étais accompagnée par mon amie.

En fait, ce ne fut une surprise pour personne dans ma famille et l'entourage familial. Ce fut juste une confirmation pour beaucoup de gens. En effet, bon nombre d'entre eux m'avaient côtoyée en compagnie de Pablo et Chantal pendant des années. Une réflexion est fréquemment revenue à cette époque : « Mais oui, c'est évident, maintenant qu'on le sait, tout s'explique. »

Je me suis rendue compte quelque temps plus tard, que pendant des années je m'étais affichée comme une homosexuelle qui s'assumait, qui était libre, alors qu'en fait je vivais ma vie en cachette de mon père tellement j'avais peur de sa réaction. Je m'affichais, je revendiquais et parfois je provoquais, sans doute dans un besoin de reconnaissance. Cette reconnaissance de mon père, je ne l'ai jamais eu de son vivant. Ma maman m'a dit plus tard qu'il savait, mais qu'il ne voulait pas en parler. J'étais alors libérée d'un lourd fardeau que je portais inconsciemment depuis toutes ces années. Je n'avais plus du tout à me cacher ou à faire semblant.

Le temps a passé, les amours aussi. Pablo va avoir 30 ans. Nous nous voyons rarement à cause de la distance. Chantal, sa mère est devenue ma meilleure amie. Je vis maintenant avec Fabienne et ses deux filles de 19 et 21 ans. Laquelle Fabienne a fait son coming out après 26 ans de vie commune avec le père de ses enfants. Mais cela est une autre histoire.

Maintenant, mes parents ne sont plus là. Étant donné mon âge et mon vécu, avec le recul, je considère que je n'ai de compte à rendre à personne. Et donc, depuis cinq ans je vis ma vie de femme tout simplement avec la femme que j'aime.

À l'écoute de mon Être

par Nicolas McMahon

« *Hey le fif !* » J'ai 12 ans et cette insulte dirigée à mon égard constitue ma charmante introduction à l'homosexualité. De retour à la maison, je demande à ma sœur Audrey ce que cela peut bien signifier. À l'écoute de son explication, je ressens la honte parcourir toutes les particules de mon corps. Je ne comprends pas pourquoi, mais je suis dévasté et je me sens terriblement coupable. La nuit tombée, seul dans mon lit, je me répète en silence non, non, non. Si une chenille façonne son cocon pour éventuellement se transformer et prendre son envol librement au cœur de l'immensité de la nature, j'entreprends de mon côté, les yeux grands ouverts dans l'obscurité, le tissage d'une toile dense et compacte occultant mon être. Je crois sincèrement que j'ai pris conscience de mon homosexualité cette nuit-là. J'ai tellement bien dissimulé cette partie de moi que l'attirance envers les autres hommes ne représentait en aucun cas une option. Je me suis conditionné à éprouver des sentiments amoureux envers le sexe opposé par crainte de revivre le cocktail émotionnel de mes 12 ans.

Ma rentrée dans la vingtaine constitue assurément une période charnière dans mon évolution personnelle. Aussitôt mon cégep terminé, j'ai quitté le Québec avec mon amie Gabrielle pour découvrir le monde à sac à dos. Ce périple représente l'élément déclencheur de mon coming out; la toute première brèche à mon cocon. À travers ces nouvelles rencontres et ces nouvelles relations, j'ai appris à mieux me connaître. L'être humain se construit en relations. Cela semble peut-être ésotérique, mais je ne me sentais pas en plein contrôle de mon corps comparativement à mes compères. Un je-ne-sais-quoi m'empêchait d'être moi-même.

C'est au retour de mon premier voyage humanitaire en Haïti, à l'âge de 22 ans, que j'ai accepté de mettre des mots sur ce quelque chose d'indéfinissable qui me rongeait depuis si longtemps. J'en ai eu assez de « flotter », le temps était venu pour moi de m'enraciner et de me respecter. À dire vrai, le simple fait de voyager, de découvrir de nouveaux endroits, de faire de nouvelles rencontres et de me retrouver hors de ma zone de confort m'a ouvert les yeux sur la manière dont je voulais vivre ma vie. Est-ce sain d'un point de vue physique, psychologique et social de demeurer dans son cocon éternellement ? Non!

Dans un premier temps, j'ai dû accepter mon homosexualité à un niveau personnel. Sortir du placard représentait une montagne insurmontable pour moi. Par contre, à mon retour d'Haïti tout me sentait plus clair. L'ouverture, le respect et la recherche d'un bien-être ont constitué un puissant moteur me permettant d'émerger de mon cocon auparavant bien scellé. Avec du recul, il m'est possible d'admettre que faire face à moi-même a représenté le plus gros défi dans l'ensemble de mon cheminement vers l'acceptation de mon homosexualité. Embrasser cette partie intégrante de ma personne m'a donné un courage, une confiance et une force remarquable.

Dans un deuxième temps, j'ai senti le besoin de le partager à ma sœur, ma grande confidente. Je n'étais pas très inquiet étant donné son ouverture et sa sensibilité à mon égard. Néanmoins, exprimer oralement mon homosexualité représentait une étape cruciale d'un point de vue émotionnel et psychologique. Après avoir discuté avec ma sœur, j'ai ressenti le besoin d'aller clarifier l'ensemble de mes émotions auprès d'une psychologue. Mes consultations m'ont été très bénéfiques. C'était un moment où je pouvais évacuer les maintes pensées parcourant mon corps dans une atmosphère d'écoute et dépourvu de jugements. En matière d'identité, dévoiler mon homosexualité constituait quelque chose de très fragile et de très déstabilisant.

Ensuite, j'ai dévoilé mon homosexualité à deux amis proches. Malgré le stress et l'appréhension, les deux m'ont démontré beaucoup d'amour et d'appui. Ils ont salué mon courage et m'ont accompagné avec beaucoup de tendresse et de respect dans l'ensemble de ma démarche d'acceptation.

Par la suite, j'ai éprouvé le besoin de le partager avec ma mère. Étant donné l'ouverture, la sensibilité et la douceur de ma mère, je me sentais assez confiant. À l'égal de ma sœur, tout s'est bien déroulé. Je dois avouer que j'étais surpris par l'inquiétude de ma mère face aux jugements négatifs que les gens pourraient avoir à mon sujet. L'important pour ma mère était et, est encore aujourd'hui, le simple fait que je sois heureux et épanoui.

Dans un troisième temps est venu le moment de verbaliser mon homosexualité à mon père. En terme de stress, cette étape remporte la palme d'or! Je me suis beaucoup demandé comment j'allais lui communiquer cette partie de moi. Il est important de comprendre que le non-dit caractérise beaucoup la relation que j'entretiens avec mon père. Je lui ai fait mon coming out, spontanément, le soir de mes 24 ans. Il m'a donné la parole autour de la table qui était composée de sa femme, de ses enfants ainsi que de ma sœur. Aussitôt le premier mot libéré de ma bouche, je me suis effondré en larme, tellement j'étais angoissé à l'idée de lui dire. J'avais au fond de moi une crainte énorme de le décevoir. De ce que je me souviens, tout le monde autour de la table me fixait. Le temps s'est arrêté d'un coup. Je me suis dévoilé. Le regard brouillé par les larmes, mon père est venu me prendre dans ses bras et m'a dit : « Tu es ce que tu es. L'important c'est que tu sois heureux. » Soudainement, je me suis senti léger et prêt à m'envoler dans l'immensité de la nature. À cet instant même, je me sentais enfin libre d'agir, de penser, d'être simplement moi.

Je suis extrêmement reconnaissant de la réaction de l'ensemble de mes proches. Contrairement à beaucoup d'autres homosexuels, mon coming out a été en somme très positif. Selon moi, indépendamment de l'orientation sexuelle, le plus beau des cadeaux

79

que l'être humain peut s'offrir est de s'accepter tel qu'il est. Respecter ses sentiments, ses émotions et ses valeurs constituent certes un grand défi, mais en valent réellement la chandelle. Enfin, je réalise aujourd'hui que ma sortie du placard ne se résume pas seulement à l'expression de mon homosexualité; je me sens désormais connecté et à l'écoute à mon être, confiant, sensible, épanoui et par-dessus tout, maître de mon destin.

J'étais malheureux, je suis heureuse

par Andréa D. Nadeau

J'ai réalisé que j'étais transgenre en octobre 2013, et j'ai graduellement commencé à vivre ma vie, telle que j'aurais toujours dû la vivre, à partir de cette période. Je peux dire que je le suis, à temps plein (du moins, autant que la loi me le permet, étant donné que mes documents sont toujours à mon ancien nom/genre) depuis septembre 2014.

Dans l'ensemble, mon coming out a été une expérience positive. Au début, je l'ai fait, un peu sous forme de jeu, avec mes amis Otakus (fan d'animation/culture japonaise). Étant donné que je suis petite, j'ai toujours préféré incarner des personnages féminins, lors de « cosplays » (recréation de personnages d'animés/jeux vidéo), histoire d'avoir l'air plus crédible. Alors les gens de ce milieu n'étaient pas surpris de me voir dans des vêtements féminins. Éventuellement, ils en sont venus à se poser des questions, quand ce que je portais ne semblait pas sortir d'un animé ou d'un jeu vidéo (parce que c'était en fait mes propres vêtements « civils »). Mais ils n'ont pas été choqués outre mesure d'apprendre qu'en fait, je voulais être perçue comme une femme. Les réactions ont varié, du très plaisant : « Quelque part, on s'en doutait », au... un peu moins plaisant : « Ben voyons *ancien nom* t'es un gars! ».

Ensuite, je suis passée du « petit cercle fermé » de la communauté Otaku à l'ensemble des gens que je connaissais. Là encore, les réactions ont été similaires à celles énumérées auparavant.

Une expérience particulièrement agréable fut lorsque j'ai demandé au personnel du service de transport adapté (que j'utilise à cause d'un handicap physique), de mettre une note à mon dossier pour dire aux chauffeurs de ne plus m'appeler « monsieur », mais bien « madame », d'une part, parce que je détestais me faire appeler monsieur, et ce, même avant d'avoir réalisé que j'étais une personne trans et, d'autre part, parce que certains chauffeurs semblaient avoir de la difficulté à me trouver, étant donné qu'ils cherchaient un homme, alors que je me présentais sous une apparence féminine. Contrairement à ce que je craignais, ma demande a été étonnamment bien accueillie. Certes, il arrive qu'à cause de ma voix et/ou de mon look parfois androgyne, certaines personnes du service me mégenrent, mais je les reprends, en sachant que, si elles regardent leur écran deux minutes, elles vont bien s'apercevoir que je ne les nargue pas.

Autre expérience positive à laquelle certaines personnes trans pourront s'identifier, c'est le très grand nombre de femmes parmi mes alliés, qui m'ont grandement aidée à refaire ma garde-robe, trouver des trucs de maquillage et autres « life saving hack », me permettant de mieux « passer », pour employer le jargon du milieu trans.

En contrepartie et, encore là, je crois que je vais rejoindre pas mal de personnes LGBT ici, la partie la plus difficile de mon coming out, a été de le faire auprès de ma famille.

Étant donné que ma famille habite en région, et que je ne les vois pas souvent, j'évitais tout simplement d'en parler (excepté les fois où j'utilisais accidentellement le féminin en parlant de moi à ma mère au téléphone). Au fil du temps, j'ai réalisé qu'éventuellement, une photo de congrès/manifestation/autre événement, où l'on me voyait sous mon vrai jour, finirait par tomber sous leurs yeux, alors j'ai pris mon courage à deux mains. J'ai demandé à beaucoup de monde comment faire et j'ai fini par le dire à ma mère.

Sa première réaction, pas terrible (mais, prévisible). On parle ici de celle qui considère que l'un de ses frères a « trahi » mes grands-parents, en changeant de prénom (au lieu de garder celui que ses parents avaient choisi pour lui, même s'il le détestait). J'ai d'ailleurs utilisé cet exemple à mon avantage, en lui disant que, moi, je ne changeais pas la portion qu'ils (mes parents) avaient choisie c'est-à-dire, mes deux prénoms, car ceux-ci sont neutres. J'utilise seulement une version plus féminine d'André, et je suis à l'aise avec le fait qu'on utilise mon prénom légal « Danny » qui est neutre. Ce que je change, c'est le truc sur lequel ils n'avaient aucun contrôle en partant: mon genre.

Malgré une réaction initiale somme toute mauvaise, au moins, elle a continué à me parler. Elle et mon père m'ont même aidée à déménager (certes, ma mère ne voulait pas que je sois trop « girly » en leur présence... mais, bon, comme c'était en hiver, je ne sentais pas le besoin de porter une robe soleil, de toute façon). De plus, elle grince de moins en moins des dents lorsque je parle de moi au féminin, en plus d'accepter d'utiliser des appellations « neutres » (comme « mon enfant ») à la place de celles genrées (exemple: mon garçon). Je n'ai pas encore réussi à lui faire dire « ma fille », mais en même temps, je ne veux pas pousser trop loin et risquer de briser notre relation, tout en lui laissant le temps de s'habituer.

Compte tenu de la réaction de ma mère, et de celle de ma belle-sœur (qui faisait partie des personnes à qui j'avais demandé conseil pour savoir comment faire mon coming out à ma mère), mais, surtout, du fait que je ne rencontre pas souvent ma famille à cause de la distance, je n'ai pas senti le besoin d'en parler à d'autres membres de ma famille, chaque chose en son temps. D'un côté, je ne vois pas pourquoi je devrais ABSOLUMENT le crier sur tous les toits et, de l'autre, si l'un d'entre eux, en visite me demande si je me suis fait une nouvelle blonde ou si j'ai une coloc (à cause du maquillage sur le comptoir de la salle de bains et/ou des robes qui traînent, parce que je n'ai pas eu le temps de ranger la lessive) probablement que je vais leur dire que s'il y a plein de trucs féminins dans mon appartement, c'est parce que je suis une femme.

Dans l'ensemble, mon coming out est toujours une expérience positive dans le sens que c'est souvent la réponse à la question « Il me semble que tu as l'air bien/mieux qu'avant, qu'est-ce qui s'est passé dans ta vie Danny? » J'étais malheureux, je suis heureuse. Si les gens veulent partager ce nouveau bonheur que j'ai gagné en décidant d'être qui je suis vraiment, alors ça ne peut être que positif et, malheureusement, si certaines personnes préféraient continuer à me voir malheureux, alors je m'en écarte. C'est aussi simple que ça.

Un coming out peut faire fuir des gens, mais les meilleurs resteront. Le meilleur exemple reste ma mère qui, en quelque sorte, doit faire le deuil de son fils aîné. Mais elle s'accroche, car elle ne veut pas perdre son enfant qu'elle aime, même si elle ne comprend pas ce que cet enfant vit. Surtout, un coming out sera TOUJOURS positif, car personne ne devrait se sentir OBLIGÉ de vivre dans le secret; on peut choisir de le faire par convenance, ou pour se faciliter la vie, mais si le secret est plus lourd que les conséquences anticipées, alors, du moins pour moi, ça me semble évident que le placard n'est pas une option.

Vers un nouveau monde

par Karina Belisle

Le coming out est un moment dans ma vie que j'anticipais avec tellement de peur et d'angoisse, mais avoir connu le dénouement auparavant, je l'aurais fait probablement plus tôt. Cela me faisait tellement peur que j'ai même refoulé mon homosexualité jusqu'à l'âge de 27 ans. Aujourd'hui, je suis une femme de 42 ans, heureuse et fière de qui je suis et il me fait plaisir de vous partager mon histoire.

Avant d'arriver à ce bien-être, partons au début de mon histoire qui m'a menée vers le coming out. À l'adolescence, je n'ai pas eu de copain. Je parle de copain parce que selon moi, j'étais hétérosexuelle comme toutes mes amies. Je trouvais les garçons beaux et attirants, mais j'étais gênée et pas trop à l'aise de faire les premiers pas. Entrer en relation avec un garçon m'intimidait.

À la fin de mon secondaire, laissant toutes mes amies derrière moi, je suis partie à Halifax pendant l'été, en immersion, pour y apprendre l'anglais. J'ai rencontré un garçon, mais encore là, je ne pouvais pas me laisser aller complètement. Pendant toute cette période, j'ai correspondu par lettres (le courrier électronique n'étant pas encore à la mode) avec ma meilleure amie. Dans nos échanges, on se disait s'ennuyer l'une de l'autre et souvent ses propos dépassaient le cadre de l'amitié. Je trouvais cela un peu bizarre, mais d'un autre côté, j'avais aussi très hâte de la revoir. Lors de mon départ d'Halifax, j'étais extrêmement triste de laisser mon copain parce que nous n'habitions pas la même région et que nous ne nous reverrions plus par la suite. J'étais triste aussi de quitter tous les gens que j'avais rencontrés. Mes émotions étaient bousculées parce qu'en contrepartie, j'avais aussi l'excitation de revoir ma famille, mes amis à Gatineau et ma meilleure amie dont je m'ennuyais énormément.

C'est quelques semaines plus tard que tout a commencé. Je venais de faire mon entrée au Cégep et comparativement au secondaire, j'avais beaucoup plus de temps libre pendant la journée. Je me retrouvais souvent à dîner à la maison en compagnie de ma meilleure amie. Nous avons commencé par seulement nous coller, mais graduellement et au fil du temps nous sommes allées plus loin. J'étais en relation avec une femme. J'étais amoureuse d'elle et jalouse quand un homme s'intéressait à elle. Oui jalouse parce que pendant tout ce temps, on continuait notre vie normale comme hétérosexuelle et on tentait de se trouver un copain. Je n'étais pas lesbienne, donc je ne pouvais en parler à personne. Ce n'était pas correct, pas normal. Nous étions seulement deux femmes, deux amies qui se donnaient du plaisir. Cette relation a pris fin après un peu plus d'un an lorsqu'elle a rencontré un homme. Notre amitié s'est éteinte quelque temps après.

Suite à cette relation, ma vie a basculé. Je n'étais pas lesbienne. Cette amie, cette femme, m'avait entrainée dans quelque chose que je n'étais pas. C'est elle qui avait commencé tout ça, donc c'était de sa faute. J'ai refoulé mon homosexualité pendant les huit années qui ont suivi. Pendant ces années, j'ai rencontré et fréquenté plusieurs hommes. Il y avait toujours quelque chose qui n'allait pas. Je leur trouvais toujours une qualité qu'ils n'avaient pas ou un défaut que je n'aimais pas. Je n'ai eu aucune relation sérieuse et de longue durée. Un jour, une amie m'a dit : « Fais une liste contenant les qualités que tu recherches et les défauts que tu pourrais accepter chez l'homme qui partagerait ta vie. » J'ai fait cette liste et j'ai rencontré un homme qui respectait cette liste, mais il y avait encore un problème. Cette fois-ci, j'ai été obligée de me confronter à moi-même et de me dire que j'étais le problème.

J'ai mis un terme à cette relation, mais rendu à 27 ans, je devais arrêter de refouler ce que j'ai toujours considéré comme une erreur. Je devais aller au bout des choses. Je me suis créé un profil homosexuel sur un site de rencontre, mais j'ai trouvé ça tellement difficile de me décrire ainsi. Je voulais rencontrer une femme et pouvoir lui parler, lui poser des questions et comprendre si ce que j'avais vécu dans le passé était une erreur ou bel et bien ma réalité. J'ai rencontré une femme qui a accepté de m'écouter et qui m'a parlé de son cheminement. Nous avons parlé pendant plusieurs heures. Ce soir-là quand je suis rentrée chez moi, j'ai tellement pleuré. Je venais de réaliser, mais surtout de m'avouer que j'étais lesbienne. Je venais de recevoir une grosse claque en plein visage. À ce moment-là, je me disais que tous mes rêves de jeunesse, dont celui de vouloir me marier et d'avoir des enfants, venaient de tomber à l'eau. Et en plus, un jour, je devrais faire mon coming out auprès de ma famille et de mes amis. Juste à y penser, je devenais anxieuse. Cela me faisait peur. Je ne connaissais personne d'homosexuel à part cette femme que je venais de rencontrer. Je n'avais aucun point de repère, aucune référence seulement elle sur qui m'appuyer.

Je me suis embarquée dans cette relation les yeux fermés, sans vraiment connaître cette femme. Elle était comme ma porte d'entrée dans ce monde que je ne connaissais pas. Elle m'a permis d'explorer ce que je refoulais depuis plusieurs années. Après quelques mois de fréquentation, elle a commencé à me mettre un peu de pression pour que je fasse mon coming out. De son côté, elle avait fait son coming out depuis plusieurs années donc elle ne voulait pas vivre une relation cachée et je pouvais la comprendre. J'avais tellement peur. J'avais peur d'être rejetée par ma famille et par mes amies. J'avais peur du jugement. J'avais aussi peur du regard de la société. Pour moi, l'homosexualité n'était pas normale. C'était une exception.

Le grand jour était venu. J'avais décidé de faire mon coming out, mais seulement à une personne et à une personne en qui j'avais grandement confiance. J'étais tellement nerveuse quand je lui ai dit. La réponse a été positive et l'ouverture d'esprit y était. Elle m'a avoué avoir un doute sur mon orientation sexuelle et elle m'a aussi dit que ma mère s'en doutait également. Par la suite, le chemin s'est fait graduellement pour le dire à ma mère, ma famille, mes amis et mes collègues de travail. D'une annonce à une autre, j'étais particulièrement surprise de voir que les gens m'acceptaient telle que j'étais et que tout ce qu'ils souhaitaient pour moi, c'était que je sois heureuse et cela, peu importe les générations. Ma grand-mère était contente parce que j'étais enfin heureuse et amoureuse.

En faisant une rétrospective, je pourrais dire que c'est la période avant mon coming out qui a été difficile parce que le premier coming out que j'ai eu à faire est à moi-même. Le jour où j'ai affirmé mon homosexualité est le jour où j'ai commencé à être heureuse.

Suite à ma relation avec cette femme qui m'a ouvert la porte vers un nouveau monde, j'ai rencontré quelqu'un d'autre. Aujourd'hui, je suis mariée depuis dix ans avec une femme merveilleuse et nous sommes mamans de deux enfants. Mes rêves que je pensais irréalisables, se sont produits même en étant lesbienne et ce, entourée des gens que j'aime.

J'étais si heureuse de ma nouvelle différence

par Roxanne Turpin

Cégep Ahuntsic. On est en 1993. Mon cours de psychosexe exige un travail de recherche sur le sujet de notre choix. Le mien? L'homosexualité... évidemment! Livres, documents et informations de toutes sortes traînent sur le bureau de ma chambre. Ma mère les voit et fait le « 1+1=... »

C'est grâce (ou à cause) à ce fameux travail que mon penchant pour les filles s'est révélé au sein de ma famille. Réactions différentes de part et d'autre, mais sans drame conséquent. La déception fut d'abord spontanée chez ma mère qui aujourd'hui, peut facilement me l'expliquer par la peur d'être jugée, ou celle aussi de peut-être de voir son enfant être rejeté par la société, bref, la peur de l'inconnu somme toute. Mon père, en bon père aimant, a été plutôt médiateur en prônant l'acceptation à travers l'amour inconditionnel qu'il pouvait avoir pour sa fille. Pour frérot quant à lui, ce fut la joie. Le bonheur de pouvoir voir plus de filles que de garçons à la maison. Ma mère a donc dû abdiquer. En commençant par le tolérer de loin, elle a réussi à l'accepter en voyant que j'étais bien et heureuse dans ce choix.

Quoi qu'il en soit, j'ai toujours été attirée par les filles, sans avoir vraiment porté attention à ce sentiment. J'avais des copains, comme toutes mes amies à l'adolescence, et c'est tout. Mon premier béguin conscient pour une fille s'est manifesté à 16 ans, et à 17 ans, j'avais ma première blonde.

Le sport et la compétition m'ont amenée à sortir un peu du « patelin ». Lorsque j'ai connu des coéquipières qui avaient mon âge, une quinzaine d'années ou à peine, qui étaient lesbiennes et de façon très assumées, la curiosité m'a piquée. Ce n'est que deux ans plus tard que je vivais ma première expérience avec une autre fille. Un mot pour caractériser mon premier baiser : magique!!! Dès cet instant, j'ai su quelle direction allait prendre ma vie amoureuse.

Le plus troublant était de l'admettre au niveau familial. Du coup, une fois cette étape passée, tout le reste me semblait futile. J'étais si heureuse de ma nouvelle différence, de m'affirmer dans mes propres désirs et de les respecter, que rien ni personne n'avait le pouvoir de m'en faire sentir honteuse ou diminuée.

Rapidement, mon cercle social est devenu quasi totalement gai. De sorte que je ne sentais plus la minorité de mon orientation. Jamais je n'ai ressenti le besoin de le clamer haut et fort dans les différentes sphères de ma vie, mais jamais non plus j'ai eu envie de le cacher. Au même titre que les « straights » qui n'ont jamais à avouer leur penchant pour le sexe opposé, j'ai toujours refusé de faire ces fameux coming out en milieu professionnel. Mais dès que l'occasion le nécessitait, j'exprimais ma réelle nature subtilement, comme si cela allait de soi!

Vivre et laisser vivre

par Richard

L'histoire de Richard, marié et père de deux enfants: un garçon et une fille. Marié à une femme formidable depuis 14 ans, Richard est en dépression, et décide d'aller consulter. Il ne se comprend plus, ne sait plus qui il est. Beaucoup de questions se posent dans son esprit. Dans sa thérapie, toute l'enfance de Richard revient à son esprit. Il décide d'associer à sa thérapie, le massage et tout le côté spirituel, pour adoucir tout ce mal qui traîne en lui.

La recherche de soi-même se fait tardive. C'est long, car beaucoup de peurs et souffrances intérieures. La peur de blesser, la peur d'avoir encore plus mal, la peur de détruire, la peur du jugement, la peur de la colère. Tous ces sentiments et émotions étaient au fond de mon âme, bien cachés et insconcients, tout ce mal-être.

Mais peu à peu, Richard se donne droit à l'ouverture de lui-même. Richard se paie deux sessions de rebirth, car il ressent qu'il a un gros morceau à libérer pour se retrouver. Il découvre une grande colère envers les hommes. Pourquoi cette colère? Car Richard fut touché et abusé sexuellement pendant des années. Le secret était lourd, et en même temps, quelle libération! On avait abusé de Richard à partir de l'âge de 8 ans. Cet abus dura des années jusqu'à l'âge de 16 ans, sans pouvoir parler, car la peur de se faire tuer était très grande.

Durant cette thérapie, pour la rendre positive, Richard doit s'ouvrir, faire confiance. Ce qu'il décida de faire. Il se vida de sa colère envers les hommes pour retrouver une paix intérieure, et trouver qui est vraiment Richard. Mais derrière cette colère, le besoin d'être près d'un homme, de refaire confiance, était présent.

Donc le massage m'aida à me retrouver, car le massage était donné par un homme hétéro. Le bien-être que cet homme m'apportait était vraiment réconfortant et m'aidait à me retrouver dans mes émotions, mes sentiments. Maintenant, il fallait commencer à faire face à la musique. Je devenais de plus en plus fort émotivement, j'avais des comptes à rendre à certaines personnes, pour être honnête envers moi-même et envers eux. Je venais de découvrir que j'étais homosexuel. Une fois la colère sortit, je découvrais qui était Richard, le vrai, ouf, quelle découverte! Ce fut l'étape de m'aimer et me respecter, tout en respectant les autres.

Donc la réflexion commença. Il fallait que je le dise à ma femme. J'étais tellement triste, car elle qui ne m'avait rien fait. Il fallait que je lui apprenne que j'étais gai. J'avais peur qu'elle pense que je ne l'ai jamais aimé, et bien au contraire, c'était un bel amour que j'avais pour elle. Et mes enfants, tous jeunes et insouciants, voir leur père disparaître de la maison. Quels sentiments les atteindront suite à ce départ? Quelles émotions vivront-ils? Ils sont si jeunes. Je leur expliquerais lorsqu'ils vieilliront et grandiront.

L'étape de l'ouverture, l'étape de la divulgation, à la personne que j'aime le plus au monde présentement ma femme. Mon sentiment le plus étrange était très difficile à reconnaître. De la colère, de la peine, mêlées d'une satisfaction d'être honnête et respectueux envers elle. Une confusion dans toute cette divulgation, un recommencement ou une continuité, un soulagement ou une insécurité, mais j'étais finalement moi, le vrai Richard qui s'annonçait, qui se divulguait, après tant d'efforts dans cette thérapie.

Découvrir qui nous sommes vraiment, c'est la lumière qui éclaire ce vrai chemin qui se dresse devant toi, tout en étant l'inconnu. Laisser par amour, ça fait mal, mais laisser par respect, ça soulage.

Ça te donne un peu une idée de la personne que tu es, une bonne personne avec ses souffrances et son vécu, sa force de caractère, le vrai de son intérieur, l'espoir de vivre en paix avec lui-même, le choix de faire souffrir les autres ou de souffrir soi-même (sans le vouloir).

C'est à ce moment que j'ai décidé de le dire à ma femme en premier, ensuite à la famille. Ma mère qui, sur le coup, eut un choc. Elle voulait me lancer sa chaise. Et mon père me dit : « Richard, tu ne peux pas empêcher un cœur d'aimer. » Deux réactions complètement différentes. Il faut dire que ma mère a toujours été un peu dramatique. Cela lui a pris un certain temps pour l'acceptation, et je crois que c'est normal. J'avais quand bien même deux enfants en bas âge. Pour elle c'était la famille. Ensuite j'avais à rencontrer mes frères un par un, j'en avais cinq.

Les cinq m'ont bien accepté. C'était plutôt la situation qui n'était pas facile, car j'étais père de deux enfants en bas âge, et la famille nous voyait mon ex-femme et moi, comme le couple parfait. Tous me conseillaient de faire attention dans ce milieu, car l'amour n'était pas toujours facile entre deux hommes, mais en fin de compte, comme les hétérosexuels d'ailleurs. Un de mes frères me demandait souvent comment j'allais, il voulait que je sois heureux. Après un an, j'ai décidé de présenter un mec à la famille, car la poussière était retombée et tout le monde l'acceptait bien, même ma mère s'y faisait. Elle semblait plus ouverte à l'acceptation, donc ce fut un beau coming out. Avec des hauts et des bas, et pour moi c'était normal, ça faisait partie de l'acceptation, et je m'y adaptais en même temps. J'ai donc avancé avec mon ouverture, et toute l'ouverture des gens qui m'entouraient.

La journée où mon cœur s'est ouvert et que j'ai accepté vraiment qui j'étais, le monde s'ouvrait à moi, les gens m'aimaient pour qui j'étais. Encore aujourd'hui, les amis(es) de mes enfants se confient à moi et me trouve « cool », ouvert. Ils se sentent accueillis dans leurs êtres.

93

Ce fut donc très positif pour moi. Aujourd'hui j'ai grandi avec toute l'acceptation que ma famille et mes amis(es) m'ont donnée, et j'ai une très bonne relation avec eux. Je suis même ami avec mon ex-femme que je trouve extraordinaire.

Mais cela n'a pas été toujours le cas. Elle pleura, elle m'en voulu, je crois qu'elle ne le croyait pas. Je l'ai fait souffrir sans le vouloir, mais j'étais vrai, j'étais respectueux, j'étais honnête, et elle m'en voulait. Je comprenais cette colère, cette souffrance, cette haine envers moi. Je me pardonne et je lui pardonne. Je ne suis qu'un être humain avec des forces et des faiblesses.

La vie me réserve d'autres pages de mon histoire. C'est à l'instant où j'ai quitté et j'ai repris ma vie en main, que je me suis assumé, qu'à ma grande surprise, je fus accepté de tous. Ce fut un très grand point positif.

J'ai alors pris une garde partagée avec mes enfants. J'ai appris à les découvrir. Une belle complicité se créa avec eux, et aujourd'hui encore je suis près d'eux. Je les aime du plus profond de mon être, et je suis proche d'eux. Nous parlons toujours des vraies choses ensemble. Ce sont mes enfants, mes amis(es), mon sang. Quand je les regarde, je crois que je leur ai apporté du positif dans leurs vies. Ils ont une belle ouverture d'esprit et ne portent pas de jugements. Ils sont vrais, ils sont eux et moi je suis moi.

Donc je pourrais dire qu'en fin de compte, ma vie n'était pas si négative, elle m'a emmené sur un autre chemin, qui m'a fait évoluer et grandir. Ce qui fait de moi aujourd'hui, un être vrai, et un côté humain très accompli, accompagné d'un esprit très ouvert aux autres. Mes plus grands amis(es) sont hétérosexuels(es) et m'acceptent comme je suis.

Que tu sois hétérosexuel, bisexuel ou homosexuel, nous avons tous notre place sur cette Terre, et nous nous devons de la faire. Nous avons tous les mêmes besoins physiques ou psychologiques des humains qui se respectent. Les jugements et les rejets ne devraient pas faire partie de notre société. Nous cherchons tous à être aimés, acceptés et reconnus comme être humain à part entière.

Vivre et laisser vivre.

Nous pouvons enfin vivre heureuses ensemble

par Fabienne Bressan

Je suis née en 1969 à Dijon en France. Aînée d'une famille de quatre enfants, deux filles et deux garçons, enfant j'étais un véritable garçon manqué: football, rugby, bagarres avec les garçons et j'en passe.

Après une enfance terrible (victime d'inceste), j'ai rencontré à l'âge de 15 ans, Hervé, celui qui deviendra mon mari. À 21 ans, j'emménageais avec Hervé parce qu'à l'époque ça se faisait comme ça. Il n'y avait pas d'autres alternatives et on ne parlait surtout pas d'homosexualité. En effet, déjà à cette période je ne me sentais pas épanouie dans ma vie de couple.

À 24 ans j'avais ma première fille et deux ans et demi plus tard j'avais ma seconde fille. Et cette histoire dura malgré tout jusqu'à l'âge de 39 ans. Là, j'ai réellement pris conscience que j'étais attirée par les femmes. Dans le plus grand secret, j'ai franchi le pas avec une femme mariée qui avait elle aussi des enfants. Nos deux couples étaient amis. À ce moment-là, j'ai vraiment eu la confirmation que j'étais homosexuelle. Cette histoire ne dura que trois mois, au bout desquels, elle me quitta pour s'installer avec une de mes amies.

Totalement anéantie par cette rupture, je me suis tournée vers ma mère. C'est à cette occasion que j'ai fait mon coming out. Ma maman m'a consolée et a totalement accepté mon homosexualité.

Cette femme étant une amie de notre couple. Il me fut très difficile d'expliquer le pourquoi de ma peine et de ma tristesse à mon mari et à mes filles. À cette époque, tout le monde a cru que ma réaction était due au fait que je n'acceptais pas que notre amie quitte son mari pour partir vivre avec une autre femme.

Peu de temps après, sur un forum santé sur internet, je faisais la connaissance de Sylvie. Notre histoire démarra immédiatement par une très forte amitié virtuelle. Au fil des jours, cette amitié s'est transformée en une histoire d'amour à distance, puisque nous étions éloignées de plus de 1200 kilomètres. Au bout de trois mois, nous pûmes enfin nous rencontrer et là, la réalité, l'évidence s'est imposée: nous devions vivre ensemble, quel qu'en soit le prix à payer. Mais nous étions en couple l'une et l'autre, et ne savions pas encore comment faire.

À mon retour difficile au domicile conjugal, j'ai immédiatement expliqué à mes filles que j'étais tombée amoureuse de Sylvie. Ces dernières ont été surprises par cette nouvelle inattendue puis furent très enjouées. À la suite de cela, je l'ai annoncé à ma mère, ma sœur et ma meilleure amie, qui elles aussi eurent la même réaction.

Pour mon mari, Sylvie était devenue ma meilleure amie. Mais il a commencé à avoir des doutes. Il a voulu que je cesse tout contact avec elle. Ordre que j'ai refusé en lui annonçant que je le quittais.

Ce fut une période très difficile, car bien entendu il l'a très mal pris. Il a même été jusqu'à me menacer de parler de mon enfance à mes filles. Du coup, j'ai été dans l'obligation de le devancer en expliquant à ces dernières ce qu'il m'était arrivé dans mon enfance.

À partir de là, j'avais décidé de vivre ma vie avec celle que j'aimais sans me préoccuper de l'avis de qui que ce soit. Mes filles ont décidé de me suivre. Et je partais donc, sans aucun revenu avec mes deux filles, rejoindre Sylvie dans le centre de la France.

Après une période de divorce très difficile, à ce jour, mes relations avec mon ex-mari sont amicales et sereines. Il a compris que j'avais eu raison de le quitter pour enfin vivre et lui de même. Il a même dit à une de mes filles que nous aurions dû le faire depuis bien longtemps. Que ce soit lui, ma famille ou mes amis, tout le monde a accepté Sylvie.

Nous pouvons enfin, l'une et l'autre, vivre heureuses ensemble.

Qui tu es n'est pas ton choix
Qui tu es devenue, est ton choix

par Michèle Legault

Depuis l'âge de 6-7 ans j'ai souvent ressenti comme ayant une appartenance au côté féminin. À l'intérieur de moi j'avais une appartenance féminine, par contre mon corps ne convenait pas à mes pensées et à mes désirs. Pendant mon enfance je souhaitais ou je priais souvent de me réveiller le lendemain, changé en fille.

Je suis un petit garçon qui est à sa fête chanceuse de 7ans le 7 mars 1975. Une grosse fête avec mes amis de classe, mes cousins, cousines et ma famille. J'ai eu beaucoup de cadeaux et aussi un beau vélo rouge avec siège de banane. Je tripais sur ce vélo, mais à l'intérieur je n'étais pas heureux car je n'avais pas eu le cadeau que je voulais. Je voulais tellement être une fille. Ceci a pris plus de 30 ans de souhaits, de désirs, de rituels, de fantasmes avant que je puisse réaliser mon destin personnel. Mais c'était des rêves d'enfance décevants, jour après jour. Plus je vieillissais, plus je commençais à croire que ce n'était pas normal et je gardais mon secret de tout le monde. Je pratiquais le « cross dressing » à la cachette de tout le monde pour satisfaire mes besoins d'appartenance au sexe féminin.

J'ai essayé de combattre cette condition que je ne comprenais pas en essayant de la supprimer depuis avant le mariage avec mon ex-épouse. J'espérais qu'en me rendant sérieux et engagé dans une relation amoureuse tout était pour s'en aller. En ayant des enfants, je croyais que j'étais pour l'enterrer pour de bon et sans en réentendre parler. Avant de me marier, j'ai avoué à ma future épouse mes tendances de « cross dressing » avant une soirée d'Halloween (pour moi c'était mon jour le plus attendu de l'année. Je pouvais être moi sans que personne ne le sache). Elle a tout de suite nié mes tendances et m'a demandé de cesser cette pratique ridicule. J'aimais beaucoup ma future épouse et j'ai donc cessé cette pratique pour un certain temps avant que ça revienne me visiter après notre mariage.

Durant mes années de mariage, c'est revenu et reparti plusieurs fois. Sans vraiment comprendre encore ce qui se passait, je me sentais bien lorsque j'étais habillé en femme. J'ai acheté et jeté mes vêtements et maquillage plus de cinq fois durant mes années matrimoniales, afin de supprimer les besoins intenses de me vêtir au féminin et de prouver à mon épouse que je l'aimais.

Plus tard dans ma vie de mariage, j'ai commencé à faire des recherches et à comprendre qui j'étais. Avec l'aide de professionnels, j'ai vite compris que je souffrais de dysphorie du genre. Je ne savais pas comment gérer cette situation. Je l'accepte et je fais quoi avec? Je vis en homme en supprimant ces désirs et peut-être, être heureux comme homme, mari et père de trois filles, ou je décide de faire une thérapie hormonale et mes changements se font graduellement dans mon corps. Suite à ce diagnostic, j'ai partagé ma situation avec ma mère. Tout de suite ma mère se blâme et se dit que c'est de sa faute que je suis comme ça. Je la rassure, qu'il n'y a aucune preuve qui peut dire que c'est de sa faute. Je suis né comme ça et il n'y a rien que nous puissions faire.

Je décide d'explorer la thérapie hormonale et sans mentionner à mon épouse ce que je faisais, mis à part des visites chez la thérapeute. En aucun temps elle ne voulait être informée sur mes progrès de thérapie. À ce moment-là, je n'avais pas compris, mais mon mariage était en train de se dissoudre. J'espérais, comme certaines histoires de faits vécus que j'ai lues, qu'elle serait là pour moi avec mes changements. Une des réponses qu'elle m'a faite : « Tu changes trop et je ne suis pas lesbienne. »

À ce moment-là, je voyais que j'étais la source du problème de notre vie conjugale. J'ai pour la dernière fois tout jeté ce qui appartenait à ma deuxième identité. J'ai renié le côté féminin à l'intérieur de moi afin de pouvoir sauver notre couple, mais en vain. Lors des disputes, elle m'avoue avoir triché et qu'elle me dit vouloir cesser d'essayer de réparer ce qu'il n'est pas possible de faire. Il n'y a aucune chance de retrouver la flamme que nous avions entre nous deux. Mon cœur brisé et les larmes qui ne cessent de couler, j'ai couru voir mes parents pour leur dire ce qui se passait. J'ai avoué à mon père les raisons de la rupture. Je lui ai fait part de mes tendances à m'habiller comme le sexe opposé et à ma grande surprise (et ma mère aussi), il me dit: « Tu es mon enfant et je t'aime comme tu es. » Mon père ne comprenait pas le dilemme que je vivais entre les deux sexes. Pour lui, il voulait trouver une façon de me guérir comme si j'avais la grippe ou une autre maladie guérissable.

Six mois après ma séparation, je fais un coming out à mes trois filles de 8 et 7 ans (pour les jumelles), en leur expliquant deux choses. « Maman et papa ne s'aiment plus comme avant et nous devons vivre séparément. Malgré la séparation, je vous aime autant. » Mon épouse et moi nous étions ouverts sur l'homosexualité avec nos filles. Elles savaient que deux messieurs ou deux femmes pouvaient être amoureux l'un et l'autre et elles étaient correctes avec ça. Lorsque j'ai annoncé que papa aimait s'habiller en fille parfois, elles ont eu très peu de questions et elles disaient OK. Je portais des vêtements unisexes qui ne démontraient pas trop mon penchant féminin. Un jour j'ai porté un chandail plus féminin que masculin et l'une des jumelles m'a fait une crise en pleurant sans cesse. Elle m'a dit: « Non papa, non papa, je ne veux pas que tu sois une fille. Non papa, tout en pleurant ». Sur ce, je me suis dit non, je ne blesserai pas mes filles. Les filles et moi, n'étions pas prêtes pour ça. J'ai mis de côté le désir de m'habiller dans le genre auquel je devrais appartenir.

Pendant deux ans, j'ai essayé d'avoir des relations avec trois femmes, j'ai enfoui mon destin. J'ai fait faillite, j'ai perdu mon emploi, je voyais les filles seulement les weekends et je me suis retrouvée malade avec une fatigue extrême. Disons que j'avais frappé le fond. Je suis allée chercher de l'aide. Suite à quelques rendez-vous, nous avons constaté que le diagnostic qu'on m'avait donné quelques années plutôt refaisait surface et troublait ma vie professionnelle et personnelle. J'avais une décision à prendre et peu importe le choix, ma vie changerait.

Mon coming out a été bien reçu par mon groupe d'animation scout. Le district par contre m'a demandé de me retirer en tant qu'animatrice jusqu'à ce que je subisse l'opération, car il s'inquiétait que je puisse abuser des enfants.

Au travail, cela s'est très bien passé, tous curieux et tous prêts à me supporter à 100%. Ma famille, oncles, tantes, cousins, cousines ont tous très bien accepté. Mes parents un peu réticents ont eu besoin de thérapie pour accepter mon changement. Ma sœur me supporte depuis le premier jour et cherche à m'aider à réaliser mes rêves. Mon frère un peu réticent a su l'accepter plus vite que mes parents.

Mes enfants c'est un peu différent. Les jumelles l'ont accepté dès le départ sans chagrin. Elles ont su me supporter sans jugement. Ma plus vieille a eu beaucoup plus de misère à gérer cette situation. J'ai essayé de lui expliquer, mais elle ne voulait rien savoir de moi. Elle a décidé de ne plus vivre avec moi, et est allée plutôt avec sa mère. J'ai été très blessée et je l'ai forcée à m'aimer. Avec quelques conseils externes, on m'a suggéré de lui laisser de l'espace pour gérer la situation à son propre rythme. Elle a su avec les années, que son papa était toujours là, mais qu'il était maintenant une femme et que son changement l'avait rendue une meilleure personne. Une personne heureuse et mieux respectée qu'avant. Mon ex-épouse n'a pas approuvé et n'approuve toujours pas ma transition. Par respect, je ne veux pas aller dans les détails.

Ce qui va me rendre heureuse est que mes enfants auront toujours la possibilité de voir leur père (parent) grandir avec elles. Je ne peux pas l'imaginer autrement. Ma transition d'être dans mon nouveau rôle de femme n'est pas une question de choix, mais de survie.

Qui tu es, ce n'est pas ton choix. Mais qui tu es devenu, est ton choix.

La patience nous rend quand même gagnants

par Josée Lefebvre

Déjà dans mon adolescence, je le savais... après ma première expérience homosexuelle à l'âge de 15 ans, je savais que ma vie j'allais la finir aux bras d'une femme.

Le temps a passé et du fond de ma région c'est devenu trop difficile de pouvoir rester dans mon chemin et c'est ainsi que je suis devenue une « fausse hétéro ». De l'âge de 16 à 32 ans, j'ai donc vécu comme une bonne blonde auprès des deux hommes qui ont pris une place importante dans mon quotidien. Puis je suis devenue une bonne belle-mère et finalement une bonne mère, et ce, aux yeux de tout le monde qui m'entourait. Dans ma tête par contre, c'était bel et bien clair, j'allais un jour, quand je serais vieille, quand mon fils serait grand, avoir une relation avec une femme, non pas que j'étais malheureuse, mais par contre pas heureuse non plus dans ma situation.

À 33 ans, le cancer frappe et tout d'un coup l'urgence de vivre me rejoint. Je fais donc le grand saut et rencontre une femme. Je suis maintenant au bon endroit. Mon amoureux de l'époque le prend relativement bien et accepte de me laisser vivre ce que j'ai à vivre.

Il me restait ensuite à expliquer tout cela à mes parents; j'ai choisi mon moment. Ils prenaient déjà mal ma rupture d'avec le père de mon fils. J'ai choisi de l'annoncer à ma mère en premier lieu. Comme mon frère quelques années auparavant l'avait fait, je me doutais un peu qu'elle allait réagir. Je savais plus ou moins comment ça allait se passer; elle avait cessé de lui parler pendant plusieurs semaines. Je me rends donc chez mes parents et seules toutes les deux dans la cuisine, je lui annonce que je suis en amour avec une femme, que je suis maintenant bien et heureuse. Ça m'a évidemment pris tout mon petit change pour le faire et la conversation qui s'ensuit est inévitable. Premier constat de ma mère; je suis en dépression, j'ai besoin de soins. La conversation qui suit a l'air d'une ouverture de tous mes journaux intimes où ma mère se rend compte qu'elle ne me connaît pas vraiment, où elle se rend compte à quel point j'ai souffert de n'avoir jamais pu affirmer qui j'étais vraiment.

Je repars chez moi, le cœur gros, mais quand même heureuse qu'elle le sache enfin. Elle fera l'annonce de mon homosexualité à mon père plus tard. C'est ici que tout devient difficile. Mon père ne le prend carrément pas bien et refuse par la suite de m'adresser la parole. J'ai toute ma vie, été la petite fille modèle, j'ai toujours eu d'excellentes relations avec mes parents, mais voilà tout à coup je suis rejetée pour ce que je suis réellement.

Ça lui aura pris plusieurs mois avant de se faire à l'idée que sa fille était devenue une adulte qui pouvait décider de vivre sa vie comme elle l'entendait. Le matin de ma fête, je reçois un appel de ma mère qui me demande si je voulais aller souper. Elle m'assure que mon père allait être correct avec moi. À mon arrivée, mon père m'attend sur le seuil de la porte, il me tend les bras et me dit « bonne fête fifille! » J'ai évidemment fondu en larmes. Il aura fallu que des gens autour de lui, qui étaient extérieurs à la situation, lui disent qu'à mon âge, ma vie sexuelle ne le regardait en rien, qu'il perdait un temps précieux qu'il pourrait passer avec moi pour apprendre à me connaître parce qu'il était tout simplement borné.

Durant cette période d'attente de réconciliation, il y avait aussi mon fils qui devait être mis au courant. Il avait 9 ans à l'époque. Ce fut tellement naturel et facile que je n'ai rien eu à lui dire. Il m'a dit tout simplement qu'il trouverait normal que je sorte avec ma copine de l'époque parce que j'étais beaucoup plus heureuse quand j'étais avec elle qu'avec son père. Il a pris du temps avant de se sentir à l'aise avec le fait que ses amis le sachent et un jour il était prêt. Il a annoncé à ses amis que sa mère était lesbienne.

Pour ce qui est des amis, ça s'est fait graduellement. Ce que je retiens de toutes ces annonces, c'est qu'il reste encore beaucoup de gêne et d'ignorance face à l'homosexualité. Des amies que j'avais depuis longtemps se sont mises à me faire des révélations. Certaines avaient déjà eu des relations avec des femmes et n'y avaient pas trouvé leur place, certaines se posaient des questions depuis longtemps sur leur propre orientation, voulant savoir comment j'avais fait moi-même mon cheminement.

Ça aura pris pas mal de temps pour que les choses se replacent. Il m'a fallu être souvent patiente et me rendre compte que même si je voulais que tout se règle à la seconde prêt, je me devais de respecter le besoin de prendre du recul face à mon annonce pour les gens de mon entourage.

Maintenant, plus de cinq ans plus tard, ma vie a complètement changé. J'ai déménagé dans une ville plus grande, j'ai rencontré beaucoup de femmes lesbiennes qui sont épanouies. J'ai compris l'importance de m'affirmer dans ce que je suis et ce, peu importe l'endroit. Mes parents adorent ma blonde, sont encore très heureux de voir mes ex et restent encore en contact avec la plupart d'entre elles, tout comme avec le père de mon fils. Ils ont accepté totalement ce qui était ma vraie nature, se rendent compte que je m'épanouis jour après jour dans ce que je vis actuellement et voient maintenant que le plus important est vraiment que je sois heureuse.

En terminant, je dirais que les mots les plus importants sont patience et respect. Oui, nous voulons nous faire accepter au moment de notre annonce, mais il faut aussi laisser le temps à nos proches de faire le deuil de la vie qu'ils voyaient pour nous. Même si c'est parfois difficile et souffrant, la patience nous rend quand même gagnants!

Une super famille homoparentale

par Simon Soulières

J'avais 17 ans et j'accompagnais ma meilleure amie à son bal des finissants. Je lui avais déjà dit qu'elle m'intéressait, mais c'est ce soir-là que nous nous sommes embrassés pour la première fois. C'est aussi ce soir-là qu'une relation d'amour de 10 ans a commencé. À 20 ans, ma blonde et moi sommes devenus parents pour la première fois et nous nous sommes mariés à l'église un an plus tard. À 25 ans, nous étions déjà parents de trois enfants. Deux ans plus tard ont commencé les chicanes interminables, et ce, chaque jour.

Un soir, à mon retour du travail, elle m'attendait assise au bout de la table. « J'pense qu'il faut qu'on se parle, hein?! » C'était la fin. « On s'entend sur la garde des enfants et on convient que je me trouve un appartement. Je déménage. »

À l'époque, je travaillais dans la mode et un des acheteurs avec qui je travaillais était gai. C'était durant la Gay Pride et il nous avait invité certains collègues et moi à aller le voir en spectacle le soir dans lequel il dansait. J'ai accepté l'invitation et après le travail, nous sommes partis tous ensemble. Nous devions aller rejoindre certains de ses amis, dont « lui ». On peut dire que « lui » et moi nous nous sommes bien entendus à la première seconde! Il m'offrait des « drinks », nous avions les mêmes sujets de discussion, bref, on « fittait »!

Un peu plus tard dans la soirée, tout le groupe est allé au Sky Club. Nous sommes à la terrasse sur le toit et je dois soudainement aller à la salle de bains. Je demande à « lui » où était la salle de bains la plus proche puisque c'était la première fois que j'y allais. Il me dit « suis-moi » et me fait descendre jusqu'au sous-sol. Rendu là, « lui » me pousse contre le mur et tente de m'embrasser. Je le repousse et lui dit que je n'étais pas gai. Nous sommes remontés sur la terrasse et « lui » m'offre de dormir chez lui puisque je n'étais pas en mesure de prendre le volant. J'accepte à la condition que rien ne se passe entre lui et moi. Nous quittons le bar et nous arrivons chez « lui ». Il tente à nouveau de m'embrasser et cette fois, je ne résiste pas. Je ne fais pas que dormir chez « lui ». Il est devenu mon amoureux pendant près d'un an.

Je devais maintenant faire mon coming out. J'ai commencé par mon frère. Sa première réaction a été de me dire simplement, je t'aime mon frère. Je lui ai dit qu'il était le premier à qui je faisais mon coming out et il s'est dit touché.

Dans la semaine suivante, j'ai invité ma mère à souper chez moi. Je lui ai expliqué que la personne dont je lui parlais depuis quelques jours était en fait un homme. Son regard est devenu vide, elle a porté sa main devant sa bouche tout en prenant une grande respiration. À ce moment précis, je me suis dit que je venais de lui donner la pire nouvelle qu'une mère pouvait entendre. Je me trompais. Elle s'est mise à pleurer et disait ne pas en revenir à quel point je lui annonçais une bonne nouvelle. Elle voulait même organiser une fête pour annoncer la nouvelle à toute la famille en même temps! Après avoir terminé le souper, ma mère et moi nous nous dirigeons chez mon père. Dès que l'on franchit la porte, elle dit à mon père de se préparer puisque j'avais une « maudite » bonne nouvelle à lui annoncer! Comment a-t-il réagi? Il m'a dit qu'il m'aimait et m'a demandé s'il pouvait me poser une question. Bien sûr, j'ai répondu oui! Avec un sourire, il m'a demandé si ça faisait bien mal!

Quelques mois ont passé et ma relation avec « lui » a continué. J'ai alors eu à faire aussi mon coming out devant ma fille ainée. Je me souviens, j'étais au volant de ma voiture et elle était assise sur la banquette arrière de la voiture. Elle savait déjà ce qu'était un gai alors j'ai commencé à lui donner des noms connus de personnalités gais et à chaque fois elle me disait à quel point elle les trouvait tous adorables. La même chose quand je lui mentionnais des noms de mes amis gais. Quand je lui ai dit le nom de « lui », elle a tout de suite répondu qu'il devait être gai puisqu'il était si gentil avec elle. J'ai continué en lui disant que non seulement il était gai, mais qu'il était aussi mon amoureux. Elle posa alors la main sur mon épaule, m'a regardé droit dans les yeux à travers le rétroviseur et m'a demandé pourquoi nous n'habitions pas ensemble. Je dois avouer que pour moi, faire mon coming out à ma fille ainée était de loin celui que je craignais le plus. Et tout s'était bien passé.

Depuis le temps a passé et je suis maintenant en couple avec « 2e lui » depuis près de dix ans et nous formons une super famille homoparentale!

Tout part de soi

par Suzanne

Mon nom est Suzanne. Je suis née à Montréal en 1955. Cette époque était encore dominée par la religion catholique où un mariage entre un homme et une femme devait absolument se solder par une grande famille; l'empêchement de celle-ci était un billet pour l'enfer. Ma mère était très pieuse et mon père travaillait beaucoup pour nourrir ses six enfants. Cette pression avait fait de mon père un alcoolique. Quant à ma mère, elle était souvent triste et dépressive et ne pouvait donner beaucoup d'amour.

Mon enfance fut difficile. J'étais timide et peu sûre de moi. De plus, il n'y avait pas beaucoup d'amour à la maison. J'avais peu d'amis, mais je me souviens que j'avais ressenti une certaine attirance envers une copine. Nous avions joué ensemble et une fois, je suis tombée dans la grange en trébuchant, elle s'est couchée sur moi me donnant un baiser dans le cou. Ce fut la seule fois. Mais, c'est là que j'ai su, mais sans en être vraiment consciente, je n'avais que 10 ans, que les filles m'attiraient.

À l'adolescence, je ne voulais pas sortir avec des garçons, je mettais cela sur le compte de la timidité, alors qu'il y avait tout simplement un manque d'intérêt. J'ai quand même eu un « chum » que je n'ai embrassé qu'au bout de 9 mois et lorsque nous avons cassé, j'étais soulagée. Je n'en ai pas eu d'autres avant d'avoir 21 ans quand j'ai fini par me trouver un emploi dans une grosse compagnie. Là, une séduisante collègue de travail dont je soupçonnais la bisexualité m'avait dit: « Tu sais, Suzanne, je suis capable de déceler qui est homosexuelle ou non. » Je n'ai rien dit, sauf que j'avais peur d'être découverte et j'étais mêlée, car dans les années 70, les homophobes étaient rois et perdre son emploi pour cette raison était fréquent. On trouvait toutes sortes de moyens pour produire un mauvais dossier à quelqu'un et le licenciement arrivait. Cet emploi, je voulais le garder. Elle a commencé à me harceler en disant à tout le monde: « Elle parait bien, mais elle n'a pas d'homme dans sa vie. Elle me reluque, elle est attirée par moi, c'est une lesbienne, etc. »

J'ai pris peur et j'ai commencé à sortir avec un des gars pour me cacher. Ce fut l'enfer. Il était marié et plus je couchais avec lui, plus je pensais aux femmes. J'ai fini par faire une dépression et une tentative de suicide. J'ai dû me rendre à l'évidence: je ne pouvais me cacher de moi-même.

Après une thérapie, j'ai commencé à sortir dans des bars gais. Il y avait les « Ponts de Paris » que je n'aimais pas, car il y avait beaucoup de « butchs » et les batailles entre elles étaient chose courante. L'ambiance était agressive et les hommes hétérosexuels et voyeurs y étaient admis. J'ai fini par découvrir le « Jellie's » dans l'Ouest, pas très loin du « Lime Light » ou du bar « Le rendez-vous », des bars gais. J'explosais à cet endroit, mais ma timidité a fait que je buvais beaucoup et dans cet état, je ne rencontrais personne. Je sortais trois soirs par semaine. Au bout de deux mois, j'ai fini par me tanner. J'ai décidé de rester chez moi, mais la solitude m'étranglait. Au bout d'un an, j'ai fait partie de l'ADGLQ, Association pour les Droits des Gais et Lesbiennes du Québec. En travaillant bénévolement à cet endroit, j'ai fini par rencontrer d'autres personnes comme moi et sortir à d'autres endroits. Cela m'a beaucoup aidée à m'apprécier et à augmenter mon estime de moi. Je n'étais plus seule.

À 25 ans, j'ai rencontré ma première conjointe et c'est là qu'est survenue ma sortie du placard (coming out) dans ma famille. J'ai présenté cette femme à ma mère en lui disant qu'elle était plus qu'une amie pour moi, qu'elle était ma petite amie et c'était en 1980, une preuve de grand courage. Ma mère m'a demandé de lui laisser l'annoncer elle-même à mon père. Mon père a eu un peu plus de difficulté à assumer ma différence. Je l'ai perçu quand il se moquait devant moi d'un couple d'homosexuels. Il se défoulait sur les gais, mais jamais un mot sur les lesbiennes. Quant au reste de ma famille, seulement la plus jeune de mes sœurs m'a vraiment acceptée telle que je suis. Mon couple n'a duré qu'un an et demi.

À 32 ans en 1988, j'ai rencontré une autre femme, notre relation a duré dix-sept ans. Avec elle, nous avons fini au cours des années à faire notre coming out dans nos milieux de travail. J'ai eu à subir en 2003, une attaque homophobe où une femme prétendait que je la harcelais sexuellement, ce qui était totalement faux. Mes employeurs étaient de mon côté et j'ai eu la chance de voir qui était vraiment proche de moi. Le Syndicat a enterré l'histoire et elle m'a lâchée. J'étais entourée de collègues magnifiques qui ont appris à me connaître et qui m'ont même soutenue quand je me suis séparée de mon ex après dix-sept ans.

En 2005 après ma séparation, des hommes qui travaillaient avec moi ne pouvaient admettre qu'une femme féminine comme moi, au look hétéro ne puisse être attirée par eux. J'ai d'ailleurs eu à faire face au rejet de lesbiennes radicales qui prétendaient qu'en m'épilant les jambes et me maquillant, j'étais assujettie à l'hétérosexisme, que je tentais à plaire à la société, etc. Je n'étais que moi-même!

Aujourd'hui, j'ai une nièce qui est allosexuelle et qui semble fière de m'avoir comme tante. J'avoue que j'aurais aimé être comme elle à 23 ans, aussi épanouie et libre intérieurement. Je me console en me disant que c'est seulement une question d'époque.

En conclusion, je dirais que la victoire de ma vie a été d'être authentique, honnête avec moi-même et que j'ai pu apprendre à ne rien prendre personnelle. J'ai dû créer mon propre modèle. Je suis féminine, fière de ma personne et je sais une chose quand je vais quitter cette vie, je serai enterrée au même titre que n'importe qui sur cette T e r r e . Je suis un être humain qui est connecté avec son intérieur et ce que les autres pensent de moi ne me concerne pas. Une opinion n'est pas un fait et je suis responsable de mon bonheur et de mon émancipation. À 60 ans, je suis en paix avec moi-même et je suis heureuse de ma différence qui m'a permis de m'aimer sans devoir alimenter l'appréciation des autres.

La liberté n'a pas de prix et cela a été mon gage de bonheur dans la plénitude. Je ne vis plus aucune attaque homophobe, ayant vaincu ma propre homophobie intériorisée.

Tout part de soi.

Ma vie est tellement belle

par Annick Leduc

J'ai su à mon adolescence que j'étais attirée par les filles. J'ai eu des « chums » pour que rien ne paraisse dans ma famille ainsi qu'avec mes amies, de peur d'être rejetée ou jugée. À l'âge de 17 ans, je suis partie en appartement avec mon amoureux. Nous nous entendions très bien et pour moi, c'était un bon ami. Nous avons eu trois enfants ensemble dont des jumeaux, trois beaux garçons.

Lorsque les jumeaux ont eu un an et demi, je n'étais plus capable de me battre contre moi-même. J'ai donc mis un terme à ma relation avec mon conjoint après 8 ans de vie commune. Ma séparation s'est bien passée au départ. Le tout s'est dégradé tranquillement, car il avait toujours espoir que je reviendrais et que ce soit juste une idée passagère. Lorsqu'il a vu que je ne revenais pas, il a monté les enfants contre moi. Il parlait beaucoup en mal de moi à ses amis, sa famille et devant les enfants. Les enfants ne voulaient donc plus me voir. Par la suite, ma famille s'est mise de son côté et ils ont arrêté de me parler, ne trouvant pas ça normal.

Je suis donc partie de ma ville natale pour m'installer à Mirabel avec une femme que j'avais connue quelques mois plus tôt. Nous sommes restées ensemble dix ans. À la fin, notre couple battait de l'aile. J'ai rencontré une femme extraordinaire avec qui je travaillais, mais qui était avec son conjoint depuis 28 ans. Elle avait également deux enfants, elle savait que j'étais lesbienne. Je suis tombée amoureuse d'elle et juste de la voir me faisait un grand bien. Sachant que c'était impossible qu'elle soit avec moi un jour, et de plus, je n'aurais jamais voulu briser un couple, j'avais donc choisi de l'aimer en cachette. J'avais hâte d'aller travailler juste pour la voir. En janvier 2012, on m'a transférée de magasin. J'étais alors tellement triste à l'idée que je ne la verrais plus. Pendant ce temps, j'étais toujours avec ma conjointe. À la fin d'avril, j'ai eu une belle surprise sur Facebook. J'avais un message de la femme extraordinaire qui se demandait pourquoi je ne l'acceptais pas comme amie sur Facebook. Je lui ai expliqué que ma conjointe était très jalouse et que c'était mieux ainsi. Elle m'a répondu qu'elle avait raison d'être jalouse! Là, j'ai failli tomber en bas de ma chaise. J'ai relu deux ou trois fois avant de répondre. Elle m'a dit qu'elle n'arrêtait pas de penser à moi et même si elle essayait de m'oublier, elle n'était pas capable. Elle m'a dit qu'elle avait toujours su qu'elle était lesbienne, mais qu'elle repoussait cette idée au fond d'elle-même. Nous avons discuté comme ça pendant quelques semaines en cachette. Nous avons décidé de nous voir et là nous avons sauté dans les bras l'une de l'autre. Nous ne voulions plus nous lâcher.

Je n'étais plus capable de vivre ce secret. J'ai donc décidé de mettre un terme à ma relation que j'avais avec ma conjointe et de me prendre un appartement. Je parlais toujours en cachette avec ma nouvelle flamme, car elle ne l'avait pas annoncé encore à son conjoint. Nous nous voyions donc en cachette quelques heures. Cela n'a pas été long qu'elle se décide à sortir du placard et être heureuse. Elle s'est pris un appartement et depuis bientôt deux ans, nous sommes ensemble et si heureuses.

Depuis qu'elle est dans ma vie, tout va excessivement bien. C'est une femme très positive qui m'a aidée à le devenir. Elle m'a expliqué qu'elle avait souvent visualisé que nous étions ensemble pendant qu'elle était toujours avec son conjoint. Elle m'a dit que lorsqu'elle voulait quelque chose, elle le visualisait et l'obtenait. J'ai donc commencé à faire de la visualisation sur mes enfants. Par la suite, ils sont entrés en contact avec moi et je les ai revus. Ils sont rendus à 17 ans et les jumeaux à 15 ans. J'étais si contente.

Ensuite, je suis entrée en contact avec ma sœur que j'ai revue aussi. Par la suite, ma mère est entrée en contact avec moi, mais via Facebook seulement pour le moment. Je suis tellement heureuse depuis que j'ai lâché prise, car tout s'est mis à tourner positivement dans ma vie.

Cela n'a pas toujours été facile, mais j'en suis sortie plus forte. Et maintenant que j'ai pardonné, je me sens tellement bien et épanouie. Tout se déroule si bien que j'ai changé de travail depuis bientôt un an. Je suis directrice d'un magasin et me lever le matin pour aller travailler n'est plus une corvée, mais un plaisir. Surtout de se coucher en disant que je suis fière de ce que j'ai accompli dans ma journée.

Maintenant, la balance recommence à pencher vers moi, mon garçon qui est âgé de 17 ans m'a annoncé qu'il était gai et qu'il avait un copain. J'étais si contente qu'il m'en parle et qu'il me demande conseil, car il savait que cela n'avait pas été simple pour moi. La plus belle chose que mon garçon m'ait dite est: « Maman, je ne t'en veux pas de ne pas t'avoir vu pendant toutes ces années. Je comprends et je t'aime. » J'étais si émue et si heureuse. Les jumeaux sont plus indépendants, mais ils savent que je serai toujours là pour eux. Lorsque nous sommes réunis, plus rien n'existe autour de nous. Pour ce qui est de ma sœur, nous nous parlons de plus en plus souvent. Nous nous voyons de temps en temps et ça va de mieux en mieux. J'ai réussi à pardonner et elle restera toujours ma petite sœur. Ma mère me parle via Facebook depuis un an et elle m'a fait part dernièrement qu'elle aimerait me revoir bientôt. Même si je sais que je vais être très nerveuse, j'ai très hâte de la revoir et de renouer avec elle.

Je vais bientôt avoir 40 ans et ma vie est tellement belle, merci la vie.

Je suis moi enfin!

par Chloé Bergeron

L'histoire de ma transsexualité commence une bonne vingtaine d'années avant mon coming out. Je pense que cela vaudrait la peine de commencer au début.

J'étais très jeune, 5 ou 6 ans tout au plus. Mon père me parlait du fait que, lorsque j'étais dans le ventre de ma mère, ils ont décidé de se garder la surprise sur mon genre. Alors la question m'est venue en tête presque instinctivement.

- Papa... si j'avais été une fille, comment vous m'auriez appelée?

- Humm... Je sais que ta maman aime beaucoup le nom Chloé.

Chloé. J'aimais ça.

Le soir même, j'ai commencé à prier, comme ma grand-mère me l'avait montré. Je priais pour que Dieu me change pendant la nuit et que je me réveille en tant que Chloé. Après plusieurs années de prières régulières, j'ai réalisé que cela n'arriverait pas et j'ai fait de mon mieux pour « apprendre » à aimer être un garçon, sans grand succès.

Nul besoin de dire que mon enfance et mon adolescence furent assez malheureuses, malgré une bonne famille qui m'aimait et me supportait du mieux qu'elle pouvait.

Vingt ans plus tard, je me promenais sur Internet et je suis tombée sur une photo « avant-après » d'une femme transgenre. Contrairement aux photos de « drag queens » que j'avais vues avant, je la trouvais belle, cette femme. J'ai continué à regarder de plus en plus d'images de gens trans alors qu'une toute petite voix dans ma tête murmurait: « Est-ce vraiment possible? »

Avec l'encouragement d'une amie Internet à qui je me suis confiée, j'ai pris ma décision de vivre ma vie de femme, de façon complète et épanouie. Premier coming out à faire: ma famille.

J'habitais à Ottawa à l'époque, donc mes parents ont dû l'apprendre via conversation vidéo. Dire qu'ils étaient surpris est un mot bien faible. Mon père est resté stoïque, mais je pouvais voir qu'il se posait beaucoup de questions, quelque chose qu'il m'a confirmé par après. Ma mère a été plus émotive, mais elle n'a pas pleuré. Elle s'est blâmée au début lorsque je lui ai dit que je rêvais d'être Chloé étant enfant, elle s'est exclamée « Bon, alors c'est de ma faute! »

J'ai tenté de la rassurer autant que je pouvais, lui disant que qui je suis n'est la faute de personne, mais là je me rends compte qu'elle avait juste besoin d'encaisser le choc. Maintenant elle magasine le linge de fille avec moi, me donne des cours de maquillage, me plaque les cheveux de temps en temps, etc.

Il y a aussi mon frère cadet qui a très bien pris la nouvelle. Il me taquine un peu à propos de cela, mais bon, c'est un frère après tout.

Mon père a pris et continue de prendre même aujourd'hui ma décision avec humour. L'autre jour, lorsque j'étais dans un mini-argument avec mon frère, cette petite altercation s'est produite:

Moi: (en blague) Veux-tu te battre?
Frère: Envoie donc!
Papa: Max, je te l'ai dit, on ne frappe pas les filles!

Disons que mon papa aide beaucoup à relâcher la pression dans une situation qui pourrait parfois être bien tendue.

Encore plus surprenant, ma grand-mère maternelle. Non seulement elle m'a acceptée tout de suite, mais son enthousiasme m'a tellement encouragée, cela en était presque difficile à croire. Encore aujourd'hui, je suis sa « petite Chloé » ou « Cloclo »!

Quatre jours après l'avoir annoncé à ma famille, j'ai fait mon coming out sur Facebook à mes amis et famille élargie. La réaction générale a dépassé toutes mes attentes. Les félicitations et les encouragements pleuvaient. Pendant un bref moment, la transphobie n'existait pas dans mon monde.

Évidemment, il a bien fallu que je fasse face à des commentaires négatifs, et j'en ai eu. Certains de mes anciens collègues de travail m'ont simplement supprimée de leur Facebook. D'autres ont pris la peine de m'écrire, pour me confirmer que notre amitié était terminée, qu'ils n'étaient pas d'accord avec mes « points de vue sur la vie » (tellement une façon lâche de dire « je ne suis pas à l'aise avec ce que tu fais et je ne veux pas gérer mes émotions »)

Certaines de ces pertes m'ont fait beaucoup de peine, alors je fais de mon mieux pour me concentrer sur tous les commentaires positifs que j'ai reçus, et que je vais continuer à avoir.

Un autre bénéfice inattendu de mon coming out: J'ai repris contact avec certaines personnes à qui je n'avais pas parlé depuis des années. J'aime beaucoup reparler aux gens qui étaient gentils avec moi au secondaire (je le dis de cette façon parce que je n'avais pas vraiment d'amis à l'époque). Évidemment, j'ai aussi reçu plusieurs messages de ceux qui m'intimidaient ou m'ignoraient. Je n'ai pas tellement reçu de haine par contre, plusieurs de ces gens qui m'ignoraient lorsque j'étais l'ado timide sont soudainement devenus mes grands amis! Je n'en ai pas fait de cas, mais j'ai bien ri. Les gens peuvent être si hypocrites parfois!

Ma transition est d'après moi l'exemple parfait de la leçon de vie qu'il faut se concentrer sur le positif pour être heureux (se). Si je m'attardais avec ceux qui me traitent de gros laid, de monstre, d'attardé, je vivrais dans une position de fœtus permanente, à m'apitoyer sur mon sort.

Je suis tellement heureuse que j'en pleure de joie parfois. Je suis moi, enfin. Et les personnes les plus importantes dans ma vie m'ont acceptée telle que je suis.

Ma vie, la vraie, a commencé à 26 ans.

Le Gai-rrier

par Blu Nathan

Mon histoire pourrait être aussi courte que de vous confier qu'enceinte, ma mère avait déjà eu l'intuition que je serais gai. Si au sein de ma famille mon coming out était dès lors attendu, c'est en société que mon histoire prend son essor. Même si cela signifie parfois de passer par des chemins sombres, la lumière qui nous attend au bout en est d'autant plus radieuse.

En fait, ma mère est si connectée sur elle-même et à son corps, qu'elle a saisi l'opportunité de concevoir des jumeaux, lorsqu'elle a senti que l'étincelle de vie s'était installée en elle deux fois plutôt qu'une. Un Gars, une fille, la famille est faite d'un coup. Un gars qui d'ailleurs n'a jamais compris pourquoi on le séparait de sa jumelle dans les camps de jour d'été. « Je veux être avec les filles », disais-je sans arrêt. Ne supportant pas qu'on me force à me séparer de celle qui était toujours à mes côtés. En plus que les activités des filles m'interpellaient bien plus que celles des garçons.

Cela dit, quand le garçon de 15 ans que j'étais verbalisa ses préférences sexuelles, on oublie l'effet de surprise attendu. Même que tous se demandent encore pourquoi j'ai mis tant de temps à sortir du placard. C'est comme si j'avais attendu 30 ans. Il faut dire que la réalité gaie à l'époque, quoique déjà très avancée par rapport à la génération précédente, n'avait rien de médiatisée comme aujourd'hui. C'est en fait mon père qui un jour est descendu dans ma chambre, ferma la porte et s'assied en disant « j'aimerais qu'on parle ». Ayant vu mon cercle d'amis changer en entier depuis l'été, je savais très bien à quoi il faisait référence. Il me demanda simplement si j'étais heureux avec ma façon d'être, car ce qui lui importait était mon bonheur. Je lui avoue alors que pour rien au monde je ne voudrais changer et que si j'avais pu choisir, j'aurais décidé d'être gai, qu'importe les embûches.

Heureux d'avoir des parents avant-gardistes, je vois le jour en 1979. J'ai pour ainsi dire fait mon coming out officiel avant même d'être né. Ma mère m'a toujours enseigné que l'âme des enfants pouvait communiquer avec leurs parents bien avant leur conception. J'aurais pu, déjà là y voir son ouverture. Comme si elle m'ouvrait déjà la porte afin que je lui partage qui j'étais vraiment à l'intérieur de moi, puisque je n'avais au fond aucun secret pour elle. Je dois avouer que de naître au sein d'une famille très spirituelle a été mon plus grand atout pour pouvoir vivre la vie de mes réels désirs. Plutôt que d'essayer de cadrer avec un style de vie qui ne me ressemblait pas, ou adhérer aux idées préconçues de la société.

C'est alors en conscience de ma vraie nature que mes parents m'ont éduqué. Sans toutefois chercher à révéler le noyau de ma source, car cela est une réalisation qui doit se faire par soi-même. Mes parents ont enseigné à ma jumelle et à moi, le sens des plus grandes valeurs. C'est-à-dire le respect de soi et d'autrui, le non-jugement, le libre arbitre, la franchise, la force d'être soi-même, la persévérance, la croyance au plein potentiel de l'humain et j'en passe. Dans toute mon enfance, il n'y a jamais eu de doute en moi sur mon attirance pour les hommes, quoique cela prit son essor à l'adolescence, où j'ai enfin compris ce que cela signifiait. À 8 ans déjà, je fantasmais sur mon professeur de natation et m'imaginais dans les douches avec lui. Puis vint mon voisin d'en face, beau comme un dieu, sosie de Jean-Claude Van Damme, auquel je rêvais chaque soir à l'âge de 12 ans.

Dans une société qui aime à diviser et rationaliser, il n'est pas évident de trouver son identité lorsqu'on associe les jeux, les couleurs, même les façons d'être, à un sexe ou à l'autre. Fort d'apprentissages de mes chers parents, je ne me suis jamais gêné. Je sautais à l'élastique ou à la corde à danser. Quand bien même si j'étais le seul garçon de toute la cour d'école avec les filles. Quand bien même si je me faisais crier des noms par les autres garçons qui n'ont pas eu la chance d'avoir des parents avec une ouverture d'esprit comme les miens. Combien d'entre eux par contre auraient aimé avoir le courage d'être à mes côtés?

Je dois avouer que de me sentir exclu à l'école ne fut pas des plus facile, quoique cela forme le caractère et rend fort. Je trouvais cela d'ailleurs très absurde et rigolo que ceux qui me traitaient de « faible » et autre superlatif me demandaient de l'aide pour grimper la barre fixe en gymnastique. Pourtant, moi j'y grimpais en une seconde. Qu'importe les noms qu'ils me donnaient, je les aidais tout de même à monter par compassion. Quelque chose en moi s'éveillait, j'étais plus fort qu'eux, autant en muscles qu'en esprit. Il y avait un feu si fort en moi que oui je me suis déjà battu à dix contre un lorsqu'on ne voulait pas me laisser m'entraîner dans les jeux de la cour d'école. Devant l'injustice, je passais en mode guerrier déjà à 10 ans. Bien qu'aucun parent ne puisse approuver ce genre de comportement, je sais qu'à l'intérieur des miens résidait un sentiment de fierté et de contentement. Du genre, « ils ont eu ce qu'ils méritent! »

Deux ou trois ans plus tard, lorsque j'ai enfin assumé et compris pleinement qui j'étais, comme par magie, tous les jugements envers moi ont cessé. Je n'entendais plus de noms, plus de commentaires désobligeants. Je me suis alors rendu compte que l'insécurité était la faille par laquelle les autres enfants essayaient de me blesser. Et pour quelle raison? Une éducation et une société qui valorise l'uniformité, « la normalité ». C'est alors que j'ai renversé volontairement le courant. Puisqu'on tenait tant à me définir par mes préférences sexuelles, ce que je trouve toujours absurde aujourd'hui, je me suis rebellé en parlant de sexe ouvertement, de fantasmes, à dire la vérité toute crue, sans tabou. Étrangement, puisque j'étais bien avec moi-même, au lieu que cela attire sur moi davantage de mépris, je me suis pris l'étiquette du gars cool. Celui avec qui l'on pouvait tout dire, être soi-même, sans avoir à essayer d'appartenir à un courant de pensée ou d'idéologie. Ce fut une grande opportunité pour l'époque, car de ceux que je connais qui ont subi mon genre de traitement, cela n'a cessé qu'à l'âge adulte.

Et aujourd'hui, je suis le même! Dans une version équilibrée et plus lumineuse, le Virabhadra* « gai-rrier » de lumière. Je me sers de mon bagage, de mon vécu, chaque jour. Dans chacune de mes classes de Yoga, j'enseigne à mes élèves à se connecter sur leur véritable source, la beauté de leur propre identité et vérité. Je les guide à créer le chemin de leur destin et de le prendre avec courage et foi en eux-mêmes. D'être en union avec leur énergie féminine et masculine, corps, esprit et âme.

« Que ta divine énergie te suive et te guide, dans chacun de tes pas, tes gestes, tes paroles et tes intentions. Envers toi-même et les autres. »

Namasté

*signifie guerrier en Sankrit, langue du Yoga

C'est moi la grande gagnante

par Manon Grenier

Depuis l'âge de 6 ans, je suis attirée par les filles. Jeune, je suis sortie avec des garçons pour sauver les apparences sans avoir de relation sexuelle avec eux.

C'est à l'âge de 14 ans que j'ai décidé d'avoir une première relation avec une femme beaucoup plus vieille que moi. Elle avait 28 ans. C'est à partir de ce moment-là que j'ai su que j'étais réellement lesbienne et que je voulais être avec une femme. Je demeurais dans un petit village en Estrie (Danville), alors il n'était pas question d'en parler, car mes parents parlaient souvent d'un oncle gai comme étant une tapette, un « fifi ». Je ne voulais pas être traitée comme ça alors je me suis tue jusqu'au jour où je suis allée vivre à Longueuil chez ma sœur et son mari.

J'ai travaillé au métro Longueuil, au resto et il y avait un bar dans lequel je suis allée. J'ai fait la connaissance de Gilles avec qui je me suis liée d'amitié. Enfin quelqu'un qui pouvait m'écouter sans me juger. Gilles était homosexuel et il m'a dit un soir : « Je vais te donner le nom des bars gais pour femmes. »

Suite à ça, j'y suis donc allée, mais sans aucun succès. Je n'arrivais pas à me décider vers l'une d'elles. Alors j'ai décidé d'aller travailler dans les bars de danseuses où à ce moment-là, j'ai connu beaucoup de lesbiennes. C'est là que j'ai rencontré ma première blonde, Hélène avec qui j'ai vécu deux ans.

Depuis que j'avais déménagé à Longueuil, je ne voyais pas souvent mes parents. À un moment donné, j'ai décidé de leur présenter Hélène comme une amie. Puis, j'ai finalement décidé de la présenter comme ma blonde. Ma mère m'a dit: « Je ne veux plus te voir tant et aussi longtemps que tu ne seras pas normal (aux hommes). » Alors je lui ai dit que c'était bien correct, que j'aime mieux être anormale, mais heureuse. Je suis repartie avec Hélène, à Longueuil.

Cela a pris un an avant que ma mère me rappelle pour me dire : « Je t'accepte comme tu es, mais ne commencez pas à vous bécoter devant nous. » Je lui ai alors dit que je respecterais ça si elle nous respectait aussi en cessant de dire les « gouines » ou les « fifines ». Nous nous sommes alors mis à parler de tout et de rien.

Une des choses positives de tout ça est que j'ai une sœur plus vieille que moi qui elle était mariée, mais était lesbienne. Je lui ai ouvert le chemin donc elle n'a pas eu à subir de rejet comme moi. Mes trois frères n'étaient pas trop ouverts à l'idée que je sois lesbienne, soit par jalousie ou autre. Je me suis toujours vue indifférente de cela, car pour moi ma famille n'avait pas réellement d'importance. Pourvu que moi je sois heureuse, c'était correct comme ça. Pour ce qui est de mes quatre sœurs, je n'ai jamais eu de problème à me faire accepter.

Pour ce qui est de mes amis(es) et connaissances, je n'ai jamais eu de problème non plus, car je leur disais tout de suite que j'étais lesbienne et que si cela ne faisait pas leur affaire, et bien ils n'avaient qu'à s'en aller. Maintenant que j'avais connu l'Amour avec un grand A avec une femme, rien ne pouvait venir me déranger.

Pour ce qui est de mon travail, je suis retournée travailler au métro Longueuil au restaurant le Tourniquet où j'ai avoué à mon patron que j'étais lesbienne. M Boisvert m'avait répondu : « C'est bien. Cela ne me dérange pas et ne dérangera personne non plus. Tu n'es pas la seule qui travaille ici et qui est gai. »

Lorsque j'ai déménagé avec ma blonde à Buckingham en Outaouais, ce fut la même chose. J'ai toujours été honnête et je n'ai jamais eu à subir de discrimination de la part de mes employeurs.

Quand je suis revenue vivre en Estrie, cela s'est très bien déroulé également, car les gens avaient eu le temps d'évoluer. Suite à tout ça, je me suis mariée en octobre 2010 avec une femme 17 ans plus jeune que moi. Nous avons eu un magnifique petit garçon du nom de Samuel, qui est ma fierté. Maintenant divorcée depuis septembre 2014 et rendue à 52 ans, je vis un bonheur immense en restant réellement qui je suis, une femme lesbienne et très bien dans sa peau.

Le seul rejet que j'ai reçu venait de ma mère et tout s'est placé positivement un an après mon annonce.

Au bout du compte, c'est moi la grande gagnante, car je suis sortie du placard rapidement, c'est-à-dire, à 19 ans.

Quelle belle vie!

par Suzanne Laplante

Je me suis mariée et j'ai trois enfants. Une belle vie, financièrement à l'aise, j'étais femme au foyer et travaillais à temps partiel. J'ai croisé une vieille amie que j'avais aimée énormément et avec le temps nous nous sommes perdues. Nous étions dans un petit groupe de couples dans lequel nous échangions sur notre vie, et lorsque nous parlions de sexualité, je n'étais jamais confortable. Nous avons débarqué de ce groupe.

Quelque temps plus tard comme je venais de perdre mon travail, nous nous sommes croisées et elle m'a offert un travail pour un organisme communautaire. L'amitié a repris entre nous. J'allais partout avec elle, des petits voyages en auto, des cinémas, des spectacles, des soupers de filles et encore des soupers de filles. Ce qui faisait réagir mon mari puisque sa femme avait changé, elle voulait être libre.

Cette femme a chaviré ma vie, j'étais super bien avec elle, nous travaillions ensemble et elle était ma directrice. Lorsqu'elle me touchait une main, j'étais dévastée, je voulais toujours être avec elle.

Suite à tout ça, je ne pouvais plus vivre avec mon mari. Nous avons divorcé. Mon mari se doutait de mon orientation, mais je ne lui ai pas avoué. Ouf, les enfants dans tout ça! Sortir de mon confort financier, me trouver un appartement avec trois enfants qui ont toujours eu leur chambre seul.

J'ai caché très longtemps mon orientation. Nous avons vécu longtemps dans l'ombre. J'avais peur de perdre mes enfants, mais je ne pouvais plus reculer. Il y a quand même 15 ans de ça. Prendre la décision de dire qui j'étais, une femme qui aime une autre femme, était très difficile, mais c'est un passage obligé. Je vais toujours me souvenir quand j'ai dû le dire à mes enfants, ils sont partis dans leur chambre. Ils étaient des adolescents et je les ai laissés réagir. Comme mes enfants fréquentaient les enfants de ma blonde, ils se sont entraidés et le téléphone était leur bouée de sauvetage. Ma fille ne voulait pas qu'ils en parlent à l'école. Je n'ai pas eu de crise ou de rejet de la part de mes enfants. Mon fils lui, ce fut un choc, il ne comprenait pas ça. Je pense que pour lui cela n'existait pas, surtout pas sa mère.

Je ne l'ai jamais dit à mon père, ce n'était pas nécessaire pour moi, il l'aimait alors je n'ai pas trouvé le moment pour lui dire. Ma mère était décédée. Il fallait faire le tour de ma famille, frères et sœurs.

Je me rappelle tellement quand je suis arrivée chez mon frère qui m'aime beaucoup et moi aussi d'ailleurs. Nous étions dehors dans sa balançoire. Il a été très surpris, mais très à l'écoute. Ma famille a bien réagi sauf un frère qui voulait que je rencontre un prêtre. D'ailleurs j'en avais parlé à sa femme en premier. Je lui avais téléphoné pour que nous soupions ensemble, et j'avais tellement le motton dans la gorge. Elle m'a écoutée et accueillie. Je n'ai vécu aucun rejet.

Pour ce qui est du travail, nous travaillions ensemble donc les employés ont vite allumé sur notre situation. Comme c'était un petit groupe, tout s'est bien passé.

Aujourd'hui je travaille encore à la même place et longtemps j'ai continué à travailler avec elle, même si nous n'étions plus ensemble. Ce fut très difficile, surtout qu'elle était ma patronne.

J'avais déjà dit à mon amoureuse que j'aimerais partir un groupe pour femmes gaies. Elle avait répondu : « Es-tu folle, on va perdre nos emplois. » Le bog de l'an 2000 c'est moi qui l'ai eu, elle m'a laissée......Catastrophe! J'ai cherché des ressources, j'ai téléphoné au Gai écoute. Il y avait un groupe à Boisbriand pour hommes et femmes gais.

Je me suis créé un réseau d'amies. La chicane a commencé dans ce groupe où nous étions sur le comité. Nous sommes partis moi et quatre autres personnes. Nous nous sommes réunis, et c'est là que l'Arc-en-ciel est né. L'organisme où je travaillais avait une grande cuisine et une grande table. Nous avons commencé les échanges, les partages de nos vies. Au début, on était six ou sept personnes et aujourd'hui, douze ans plus tard, nous sommes environ 25 à 30 personnes tous les mardis, et pas toujours les mêmes. Nous avons des intervenants qui nous donnent des conférences, parfois se sont les participantes qui animent. Chaque année nous avons notre « party » annuel. De grandes amitiés se sont formées et même des relations amoureuses

Mon entourage m'accepte, mes enfants et mes petits enfants.

Quelle belle vie!

Un bizarre de coming out

par François Forté

À mon adolescence, je suis sorti avec quelques filles, mais sans grande conviction, car je regardais toujours les hommes et surtout les gars plus vieux que moi. La virilité des mâles m'attirait et surtout ceux poilus, car je leur trouvais un « look cochon ». Mais l'étaient-ils réellement ?

Mes premières expériences sexuelles avec les hommes se sont faites dans des lieux publics, car il n'était pas question pour moi d'aller « baiser » chez un gars. À cette époque bien que je ne cachais pas ma vraie nature (d'être gai), personne ne le savait officiellement même si plusieurs s'en doutaient depuis longtemps.

En 1979, au détour d'une de mes nombreuses rencontres sans lendemain, je rencontre pour une deuxième fois un gars que j'avais croisé aux Galeries d'Anjou, mais une année auparavant. Lors de cette deuxième rencontre, nous parlons de cet « heureux hasard » et il me donne son numéro de téléphone. C'est un interurbain puisqu'il reste à St-Hyacinthe. Pour moi c'est un coup de foudre. Je suis en amour pour la première fois de ma vie avec un homme. Claude, avait presque trente ans et moi tout juste 19 ans avec encore toute ma belle naïveté juvénile. Bien que Claude ne reste pas à Montréal, il y vient régulièrement pour voir son amoureux, Benoît. Leur relation est des plus houleuses et ne va pas bien depuis plusieurs mois sinon années. Je séduis mon beau Claude sans même le savoir ou le réaliser. En effet, mon inexpérience en matière de sexualité le surprend quand je lui apprends que je n'ai encore jamais couché avec un mec dans un lit. J'allume possiblement en lui le fantasme d'initier un « ti jeune » aux différents plaisirs sexuels; lui professeur et moi son élève.

Suite à cette deuxième rencontre, j'appelle régulièrement Claude pour entendre sa belle voix de mâle qui me séduit. Les coûts des appels interurbains ne me dérangent pas, car j'ai mon propre téléphone dans ma chambre, alors au diable les dépenses. Je fais tout pour mon homme dont je suis amoureux fou.

Au cours d'une de ces conversations, Claude m'apprend qu'il a eu un terrible accident d'automobile et que celui-ci est une perte totale. Heureusement que lui n'est pas blessé du tout, juste un peu secoué et ébranlé. Ouf, mon ti cœur se fige et se serre dans ma poitrine.

Sans aucune hésitation de ma part, je dis immédiatement à Claude que je pars (laissant maison et travail) pour aller le rejoindre chez lui, à St-Hyacinthe. N'ayant pas d'automobile, j'y vais en taxi ne me souciant encore une fois pas des coûts; l'important est d'être auprès de mon amoureux, car il a besoin de moi. Il faut que je le prenne dans mes bras afin de réconforter mon bel amour.

Ce que l'amour peut nous faire faire à cet âge et encore plus quand c'est le premier amour; celui qu'on croit le Grand, le Vrai et le Seul que nous vivrons de toute notre vie. Ce geste, d'amour inconditionnel et immédiat de ma part, laisse Claude sans voix. Je l'aime vraiment gros et fort et comme ça depuis longtemps. Il ne se souvient pas que quelqu'un ne lui ait jamais démontré autant d'amour en agissant de la sorte, juste pour lui. Claude se sent important aux yeux d'une personne, moi. Alors, lui aussi prend une décision rapidement et possiblement sur un coup de tête, il téléphone à son amoureux, Benoît pour lui dire qu'il le laisse, leur relation étant trop malsaine pour eux deux. Claude décide de laisser Benoît, pour moi. Imaginez comment je nageais sur un nuage. Un rêve devenu réalité. Mon prince charmant qui me choisit, MOI.

Pour souligner cette belle décision, nous décidons de partir en voyage en Europe avec un billet ouvert (entre vingt-deux et quarante-cinq jours à l'extérieur du Canada). Pour ma part, rien ne me retient à Montréal alors je suis fou comme un balai de partir souligner ce bonheur avec mon homme. En amour fou par-dessus la tête comme je le suis, c'est certain que je suivrais Claude, peu importe où il veut que nous allions.

J'ai 19 ans et je pars faire mon premier voyage en Europe et en plus, avec MON amour pour la vie.

Notre voyage a été des plus merveilleux. Je me rappelle boire du champagne dans l'avion et que l'agent de bord mette une couverture sur nous pour nous cacher des regards indiscrets parce que je ne lâche pas mon Claude d'un pouce. Je suis en amour pour la première fois de ma vie avec un homme avec qui je vis « ma lune de miel ». Ce que l'amour peut nous faire dire ou croire !

Mon voyage a été merveilleux jusqu'à ce que Claude décide d'appeler Benoît pour savoir si ce dernier ne va pas trop mal depuis leur rupture d'il y a bientôt cinq semaines.

Et là, tout s'écroule autour de moi. Ce téléphone a permis à Claude de réaliser qu'il aimait encore Benoît et même beaucoup plus qu'il ne se l'imaginait. Catastrophe pour moi, mais heureusement il ne restait que deux jours avant notre retour à Montréal.

Je suis rentré tout penaud chez mes parents où je demeurais encore et je n'ai rien dit sauf que je ne racontais pas mon voyage avec un sourire. Le lendemain matin au déjeuner, ma mère m'a surpris à pleurer et m'a demandé si le copain avec qui j'étais parti en voyage était gai. Je lui ai répondu que ça ne la regardait pas, mais que si elle voulait savoir si j'étais gai, elle n'avait qu'à me poser simplement la question à moi.

Elle a gardé le silence pendant un gros cinq minutes et m'a juste dit : « Je sais que ça fait mal une peine d'amour, mais sache que je serai toujours à côté de toi peu importe ce que tu vis et qui tu es, je t'aime mon grand garçon. »

Elle m'a pris dans ses bras afin de me faire un gros câlin pour réconforter son fils tout en pleurs.

À partir de ce moment, tout le monde a su que j'étais gai.

Normal pour moi était impensable 40 ans auparavant

par Chantal Gauvreau

En fait, ça commence banalement. J'ai rencontré des filles à la balle molle et j'aimais bien l'une d'entre elles. Je voulais à tout prix être à ses côtés, partager beaucoup de choses, son nom Manon. Je ne savais pas qu'elle était lesbienne. Je n'avais même jamais entendu parler de ça. J'avais 12 ans, je savais ce que je voulais faire et être avec elle. Toutes les filles du voisinage étaient à ses pieds ou presque tellement elle était charmante. Je suis rentrée dans la gang facilement. L'une d'entre elles me demande soudainement: « Es-tu comme Manon? » Je lui ai répondu oui sans savoir de quoi elle parlait, et de là a débuté mon histoire. Un après-midi d'été, chez l'une d'entre elles, alors que les parents étaient au travail et comme tous les jours les filles se retrouvaient chez elle, des petits jeux se faisaient, des attouchements mineurs sans vraie continuité, des baisers et des accolades.

Les filles donnaient un nom de gars à leur blonde. Comme là, c'était Manon ou Steve avec Céline. De mon côté, Christiane m'intéressait beaucoup. Elle m'appelait Burney et à partir de là a commencé ma première aventure. Il n'y avait jamais plus que des attouchements mineurs, mais moi je ne pouvais plus m'enlever cette fille de la tête. J'en rêvais partout et j'écrivais toujours des nouvelles dans ma chambre de Steve, Christiane, Céline et moi. C'était de vrais romans d'amour. Par contre, j'ai aussi réalisé que Steve ou Manon trichaient avec Céline et avec les autres filles. Alors nous avons commencé à changer de blonde régulièrement, par pur plaisir.

Mes parents ont comme appris le jeu et ils m'ont interdit de me tenir avec ces filles parce que ce n'était pas correct. Ben voyons donc! Ils ont tout de suite exigé que je m'éloigne d'elles. Je m'enfuyais pour les retrouver, j'étais ensorcelée. J'ai toujours continué en cachette ce petit stratagème avec plusieurs filles, et même Manon. En fait, c'est avec elle que finalement à l'âge de 16 ans je suis allée jusqu'au bout d'une vraie relation, celle pour qui je m'étais reprise quatre ans auparavant. Mais cela s'est arrêté rapidement 3 semaines après, car elle avait une autre aventure.

Au secondaire, une nouvelle arrive dans ma classe et tout de suite je la remarque. Rapidement, nous nous sommes mises en couple. Suzanne, oh que j'aurais tout donné et j'ai donné beaucoup. Nous avons été deux ans ensemble et le tout a mal tourné pour elle. J'avais présenté Suzanne à Manon et à d'autres copains, mais ils ont commencé à prendre de la drogue et à commettre des vols. J'étais contre ça. Suzanne s'est fait arrêter et je l'ai perdue de vue jusqu'à 50 ans. Maintenant, nous sommes amies seulement. Par contre, comme j'ai été sa première blonde, un premier amour ne s'oublie jamais.

À 18 ans, la sœur d'une de mes amies veut me rencontrer. Elle tombe amoureuse de moi. Elle est mariée avec deux enfants, 10 et 12 ans. Son mari ne soupçonnait rien jusqu'après trois mois. Un soir, elle a découché pour venir avec moi. Mes parents m'ont trouvée et nous avons eu le droit, elle et moi, à une leçon de la part de son mari et de mes parents.

Elle a décidé de le laisser pour moi et moi de laisser ma famille, car ils n'acceptaient pas ma « cochonnerie », disaient-ils. Nous avons vécu ensemble trois ans. Plus le temps avançait, je trouvais ça difficile d'être loin de ma famille et ça commençait à faire mal. J'ai recommencé à aller dans ma famille et notre union s'est finalement terminée. Par la suite, j'ai décidé de retourner dans ma famille pour être acceptée en me conformant à leurs règles.

De là, j'ai rencontré un gars et puis nous nous sommes mariés. Nous avons eu 3 enfants et j'étais toujours dans le passé. Douze ans plus tard, j'habitais deux maisons plus basses que deux femmes. Je les voyais souvent sans leur parler, mais mes enfants jouaient avec les leurs. Mes enfants m'ont fait douter de leur relation et le tout mijotait dans ma tête. Cet été-là, je me suis dit que les enfants étaient grands, j'ai le droit de vivre ma vie et d'ailleurs aujourd'hui je vois que deux femmes peuvent s'aimer et vivre avec des enfants.

Alors pourquoi pas moi? J'ai essayé de voir comment je pouvais recommencer dans le milieu, car j'avais coupé tous les ponts. J'ai finalement trouvé Fugues sur internet et un numéro de téléphone d'une boîte vocale. On pouvait se faire un profil et entendre les profils des autres. J'ai rencontré ma première vraie blonde comme ça. Auparavant, j'avais coupé les ponts avec mon mari. Lorsque j'ai finalement rencontré ma première blonde, je lui ai avoué mon homosexualité.

Cela a bien été pour moi après et une à une, mes filles l'ont appris aussi. Elles avaient 10, 12 et 14 ans. Tout a bien été avec elles aussi. Un mois plus tard pour ma fête, ma mère sentait que quelque chose n'allait pas, car je m'éloignais. Elle me demande d'aller souper chez elle pour ma fête. Là, je lui ai dit que j'ai laissé mon mari, de ne pas me dire « Tu ne recommences pas tes «cochonneries » et que je suis avec une femme que j'aime, c'est tout. Tout a mal tourné et j'ai été onze mois sans pouvoir rencontrer ma mère en présence de ma blonde.

Un jour, j'ai dit à ma mère que ça ne peut pas marcher comme ça. Je fais ma vie, je m'occupe de mes enfants, je travaille et je suis respectée. J'aimerais que tu rencontres ma blonde en terrain neutre dans un aréna, lors d'une partie de hockey. Ma mère a accepté et comme j'étais coach, ma blonde et elle ont pu échanger un peu. Le lendemain, ma mère m'a dit que ma blonde est gentille et me demande de lui laisser du temps. Finalement, c'est ainsi que j'ai enfin été capable de sortir du placard officiellement et d'être bien, d'un côté comme de l'autre. J'étais acceptée par ma mère et mes enfants.

Pour terminer, j'ai eu quelques blondes avant Julie. À la fin de sa vie, car ma mère est décédée le 27 janvier 2014, Julie était considérée comme faisant partie de la famille et ma conjointe par ma mère. Ma mère l'aimait tellement. Lors de ses funérailles, ma sœur avait écrit que Julie était ma conjointe dans l'annonce du journal. Julie fut présentée à tous les membres présents comme ma conjointe et mon ex-mari était présent aussi avec mes filles. Tout était normal. Normal pour moi était impensable 40 ans auparavant.

Remerciements

Un grand merci à chacun des 31 auteurs d'avoir pris le temps d'écrire votre histoire. Chaque histoire contribuera à transformer des vies.

Carèle Bélanger, *www.CareleBelanger.com*
Monica Bastien, *présidente de l'ATQ, www.Atq1980.org*
Stéphanie Hétu, *www.StephanieHetu.com*
Christian Baril
Manon Niquet, *www.ManonNiquet.com*
Micheline Anne Hélène Montreuil, *www.Micheline.ca*
Sophie Ducharme
Paul Buteau
Mélanie Demers
Dominique Lavergne
Karine Poulin
Guillaume
Anick Léonard
Sylvie Démus
Nicolas McMahon
Andréa D. Nadeau
Karina Belisle
Roxanne Turpin, *www.Vibe21.ca*
Richard
Fabienne Bressan
Michèle Legault
Josée Lefebvre
Simon Soulières
Suzanne
Annick Leduc
Chloé Bergeron
Blu Nathan, *www.BluNathan.com*
Manon Grenier
Suzanne Laplante, *fondatrice de l'Arc-en-Ciel*
François Forté, *www.Reconforte.com*
Chantal Gauvreau